AUTODISCIPLINA ESPARTANA

DOMÍNATE A TI MISMO: DESARROLLA UNA FUERZA DE VOLUNTAD INQUEBRANTABLE. SUPERA LA PROCRASTINACIÓN, APRENDE A FORMAR BUENOS HÁBITOS Y OBTÉN LA DUREZA MENTAL, LA MOTIVACIÓN, Y EL ENFOQUE NECESARIO PARA ALCANZAR TUS MEJORES OBJETIVOS

Pedro Reyes

índice

INTRODUCCIÓN

DISCIPLINA

Se entiende por disciplina (del latín discipulus, "discípulo, estudiante") una forma coordinada, ordenada y sistemática de hacer las cosas, en relación con un método o código o alguna consideración de la forma correcta de hacer las cosas. En principio, la disciplina tiene que ver con la enseñanza de este método, con la educación o la organización de un grupo para lograr una tarea de manera más rápida o eficiente. En los casos en que un individuo se disciplina a sí mismo, habla de autodisciplina.

La disciplina es la capacidad de las personas para implementar varios principios concernientes al orden y la coherencia, tanto para la ejecución de las tareas y actividades cotidianas, como en la vida en general. Como tal, la palabra proviene del latín disciplīna.

De su significado original, probablemente también deriva la consideración de la disciplina como un conjunto ordenado, estructurado y sistemático de conocimiento, un concepto crucial para la organización de la ciencia y la experiencia académica. Este mismo sentido se aplica a deportes específicos (disciplinas deportivas) o incluso formas de arte.

En este sentido, la disciplina supone la capacidad de controlar los impulsos, especialmente aquellos que nos desvían de los objetivos y más bien nos inclinan a disfrutar de los placeres más inmediatos. De ahí que la disciplina sea fundamental a la hora de alcanzar metas desafiantes, tanto a nivel personal (adelgazar, ponerse en forma, etc.), como a nivel laboral (mayor productividad) y académico (mayor rendimiento).

La disciplina, entonces, es una virtud moral asociada con la capacidad de llevar una vida ordenada siguiendo nuestros principios, deberes, objetivos y necesidades, y en cumplimiento de las normas de comportamiento social.

Los padres o la persona a cargo de la crianza del niño reciben la primera disciplina en casa. Incluye aspectos como establecer una hora para acostarse, una hora para comer, hábitos de aseo, así como otras cuestiones relacionadas con el comportamiento en el hogar y fuera de él.

A continuación, el niño recibe disciplina escolar, donde aprende a relacionarse con sus compañeros y superiores, cumplimiento de deberes, siguiendo las reglas, es decir, el código de conducta que la escuela impone para asegurar la convivencia, el orden y el funcionamiento de la institución. . La disciplina también se puede utilizar como sinónimo de arte o ciencia: disciplina de escultura y química. En este sentido, lo que caracteriza a la disciplina artística o científica es que cada una tiene un conjunto de conocimientos, principios, métodos y objetivos que le son propios.

Asimismo, una práctica deportiva puede considerarse una disciplina en la medida en que comprende un conjunto de exigencias, tanto a nivel de estilo de vida como a nivel físico y mental, que son necesarias para que el deportista ofrezca el máximo rendimiento. Como disciplina, también se le llama la que deben seguir los religiosos o los militares. Que contemple observar y monitorear un conjunto de normas y disposiciones morales relacionadas con su régimen de vida, funciones e institución.

Como disciplina, también se designa el instrumento de azote, generalmente de cáñamo, cuyos extremos generalmente son más gruesos. Algunas órdenes religiosas lo utilizan principalmente para infligir castigos corporales con fines penitenciales. La disciplina también puede referirse a la mera acción y efecto de la disciplina. Por ejemplo: "Profesor, ponga disciplina en su curso; ya hay muchos padres ".

Sin embargo, en determinados momentos la disciplina puede convertirse en algo negativo, cuando se convierte en sinónimo de represión, censura y cumplimiento de las órdenes de un superior, por justas o injustas que sean, la violencia de los poderosos. En realidad, en siglos pasados, esta palabra se usó para referirse al castigo físico de los esclavos y al castigo físico que se ejercía sobre los niños en una familia.

Disciplina Intrínseca

La disciplina motivada por el yo interior es el pensamiento y la acción decididamente autocontrolados, con el propósito orientado al orden de lograr las propias metas (o metas parciales). Orientado al orden aquí significa, por ejemplo, el cumplimiento de pautas condicionales, reglas y rituales condicionantes.

Las metas a alcanzar pueden ser establecidas por uno mismo o dadas por una autoridad jerárquicamente superior a la que uno se sienta obligado (siguiendo una misión y valores fundamentales).

Disciplina Extrínseca

Exigir disciplina significa que las personas deben someterse a órdenes, prohibiciones e instrucciones. Ya sea que esta forma de obediencia sea autodeterminada o controlada externamente, la subordinación, en muchos casos, no juega un papel esencial de la autoridad o de la mayoría. La autoridad es principalmente una persona o una comunidad. Pero también puede ser una idea clara, un dios o tu conciencia.

Caracteristicas

Disciplina significa instruir a una persona o animal para que tenga un código de conducta u orden específico. En el desarrollo infantil, la disciplina se refiere a los métodos de formación del carácter y la enseñanza del autocontrol y el comportamiento aceptable, por ejemplo, enseñar a los niños a lavarse las manos antes de las comidas. Aquí, lavarse las manos antes de las comidas es un patrón de conducta particular, y el niño está siendo disciplinado para adoptar ese patrón. Para la disciplina, también da lugar a la palabra disciplinarian, que denota una persona que impone orden.

Sin embargo, el término "disciplina" generalmente tiene una connotación negativa. Esto se debe a la necesidad de mantener el orden, es decir, que se cumplan las instrucciones para garantizarlo. El orden a menudo se regula mediante el castigo.

Entonces, ser disciplinado está sujeto a un contexto, ya sea una virtud (la capacidad de seguir instrucciones correctamente) o un eufemismo para el castigo (que también puede denominarse "procedimiento disciplinario"). Como sustantivo concreto, disciplina se refiere a un instrumento de castigo, como en la carne (ver también: flagelación). Este instrumento también se puede aplicar a uno mismo, como en la penitencia por no ser lo suficientemente disciplinado.

Una disciplina académica denota un conjunto de conocimientos que se le ha dado o ha recibido a un discípulo. Por tanto, el término puede significar una "esfera de conocimiento" en la que la persona decidió especializarse. En un instituto de alto aprendizaje, el término disciplina a menudo es sinónimo de facultad.

La Disciplina Como Valor

El valor de la disciplina es el acto de formar, instruir, orientar y corregir a las personas, con base en los lineamientos y principios éticos de la sociedad en general; también incluye las normas y reglamentos dentro de una institución para promover una sana convivencia.

La disciplina entendida como un rasgo positivo del individuo se valora cuando se traduce en la capacidad de seguir instrucciones, obedecer un sistema lógico y positivo de hacer las cosas, o incluso cuando un individuo puede imponerse un método y seguirlo al pie de la letra (auto -disciplina).

La disciplina es una forma de convertir la planificación en ejecución, a pesar de los imprevistos que puedan surgir. Por ejemplo, en el área de trabajo, un estratega como un supervisor o un gerente, que practica la disciplina, le da la certeza de que sus subordinados actuarán de acuerdo a lo planeado, independientemente de la situación existente al momento de tomar la acción.

P.ej. Un trabajador disciplinado será aquel que obedece a un método de trabajo con pocas distracciones, excelentes resultados y perseverancia en la realización. Un alumno disciplinado es aquel que participa en el estudio como método al que adherirse con compromiso. Es decir, quienes realizan su trabajo de manera ordenada y sistemática, organizada.

- "Porque todo el que no sabe gobernar su interior es demasiado feliz para gobernar la voluntad de su prójimo, según su espíritu orgulloso". - Johann Wolfgang von Goethe (1749 a 1832)

- "En nuestro tiempo, no hay peligro de excesiva disciplina, sentido del deber y servicio comunitario. Hoy en día hay mucha más falta de capacidad para no tomarse a uno mismo tan en serio, sino para volver a ponerse en favor de los demás. . "- Richard von Weizsäcker (1920);

- "La disciplina es sólo una cuestión de determinación. Si tiene sus imágenes internas claramente en mente, no puede esperar a la próxima oportunidad para actuar". - Arnold Schwarzenegger (1947).

Personalmente, o individualmente, la disciplina nos aporta algo muy parecido. Es decir, si tomamos la decisión de que realizaremos algún tipo de actividad, debemos hacerlo sin que las circunstancias nos afecten; por ejemplo, si decidimos empezar a levantarnos puntualmente cada día, para hacer unos ejercicios y una caminata, porque simplemente hay que hacerlo y cumplir con lo que hemos decidido.

Disciplina Desde Casa

La disciplina comienza a una edad temprana; esta es una parte esencial de la enseñanza y el desarrollo integral de los niños. Esto les permite convertirse en personas mucho más seguras de sí mismas, ya que aprenden los diversos parámetros que se establecen para la conducta, establecen múltiples pautas que les ayudarán a relacionarse con el resto de las personas, y prepararlas para tener un adecuado desempeño dentro de la sociedad.

Aquellos que adquieran el hábito de la disciplina en casa podrán integrarse fácilmente en diferentes entornos ya que entienden que son parte esencial y activa de la sociedad, tienen que poder adaptarse rápidamente a nuevos sistemas y normas, lo que les dará algunos derechos y garantías, y al mismo tiempo, también exigirán su compromiso y los deberes a cumplir.

TIPOS O ALCANCE DE LA DISCIPLINA

Si, como dice la frase, la disciplina es un puente entre las metas y el éxito, no renunciemos nunca a hablar de ese progreso requerido, porque de lo que valdrían

9

tantos planes y esfuerzos en medio de "actúo como me plazca".

Todos los grandes logros van precedidos de métodos de acción positivos, entre los que se encuentra la autodisciplina, lo primero que hay que consolidar para poder materializar los propósitos con el fin de lograr un comportamiento favorable antes del trabajo.

1. **Disciplina Militar:** La disciplina militar cumple con las reglas de conducta del personal de las Fuerzas Armadas para garantizar la obediencia, coordinación, entrenamiento y eficiencia en el cumplimiento de sus objetivos. Se trata de la lealtad de las Fuerzas Armadas, cuyo papel es de garantes del sistema y de la protección de la nación, para que sean disciplinadas y organizadas, sin lugar para el juego ni la duda.

Históricamente, la disciplina militar se ha confundido con la ley marcial criminal. Si bien existen elementos comunes entre ambos (debido proceso, tipicidad, culpabilidad, la proporcionalidad de la sanción), el derecho penal tiene como objetivo proteger a la sociedad por parte del Estado. Por el contrario, la disciplina tiene como objetivo garantizar la coordinación cooperativa de personas en una organización j1erárquica, pública o privada:

La prohibición legal de la conducta delictiva tiene como objetivo la defensa de la sociedad. Simultáneamente, las faltas disciplinarias buscan proteger el desempeño del servidor público del cumplimiento de la función disponible. Las sanciones penales están generalmente dirigidas a la privación de la libertad física y la reintegración del delincuente a la vida social, mientras que las sanciones disciplinarias tienen que ver con el servicio, con llamadas de atención, suspensiones o separación del servicio; lo cual impone un carácter autónomo al acto sancionador, de donde surge el principio aceptado de que la sanción disciplinaria se impone sin perjuicio de los efectos penales que se puedan deducir de los hechos que la originaron.

11

De ahí que sea imprescindible distinguir claramente, en los instrumentos jurídicos, las normas penales militares de las disciplinarias, separando los delitos -que corresponde al derecho penal-, de las faltas -que corresponden al régimen punitivo. Las reglas de disciplina son más firmes o laxas según la cultura dominante de los militares en el país o institución. Tradicionalmente, las regulaciones disciplinarias y las regulaciones penales relacionadas con la actividad militar han estado juntas en un solo cuerpo de leyes, a menudo llamado código de justicia militar o equivalente. Más recientemente, varios países han optado por delitos y penas separados relacionados con la actividad militar, reglas disciplinarias establecidas para las regulaciones militares, con delitos y castigos relacionados.

La normativa disciplinaria distingue entre infracciones leves, graves y muy graves o muy graves. Las sanciones disciplinarias se establecen de manera exhaustiva en la normativa disciplinaria de cada país, incluyendo siempre amonestación, arresto y juicio político. Algunos estados también incluyen la degradación como sanción disciplinaria para casos graves. Si bien se considera un castigo infame y viola ambos derechos humanos, otros países han excluido esta pena, tanto en regímenes penales como punitivos. Once Otras sanciones presentes en algunas normativas son la privación de salida, la multa, la pérdida de la facultad de elegir destino y la suspensión.

El poder disciplinario corresponde siempre a la autoridad militar establecida por la ley. En los casos en que una misma conducta pueda ser considerada delito y acto de indisciplina al mismo tiempo, algunos países cuentan con tribunales militares para juzgar ambos delitos y establecer penas y sanciones, mientras que otros países separan ambas jurisdicciones.

Disciplina escolar: La disciplina escolar significa la regulación de los niños y el mantenimiento del orden en las escuelas.

Se da en las distintas instituciones educativas, desde el preescolar hasta las universidades, y garantiza la continuidad en el tiempo de los conocimientos y su impartición progresiva. Estas normas pueden, por ejemplo: definir los estándares esperados de vestimenta, cronometraje, comportamiento social, tareas, exámenes y ética laboral. El término también puede referirse a sanciones que son consecuencias de violar el código de conducta o la administración de dicho castigo, en lugar de comportarse dentro de las reglas de la escuela. Se entiende que la disciplina escolar significa que los estudiantes deben seguir un código de conducta conocido como regulaciones escolares. Por ejemplo, este reglamento define con precisión el modelo de comportamiento, el uniforme, la observancia de un horario, los estándares éticos que se espera sean y cómo se definen las relaciones dentro del centro de estudios. Dicho reglamento también contempla una ley sobre el tipo de sanción que debe seguirse si el alumno incurre en violación de la norma. En este caso, algunos centros pueden poner más énfasis en el boicot que en la propia regla. La pérdida del respeto por el estándar dentro del aula se conoce

14

como "indisciplina". Aparte de las concepciones que se tienen sobre la disciplina, depende en gran medida del nivel de relaciones que se establezcan dentro del aula, el interés que el educador pueda motivar en el alumno y el nivel de comunicación instalado. También se puede hablar de disciplina dentro de los entornos laborales y, en general, en cualquier conglomerado humano donde la norma es necesaria para garantizar objetivos específicos.

El objetivo de la disciplina escolar es sin duda la salvaguarda del orden, la seguridad y el trabajo armónico de la educación dentro del aula. En una clase donde el educador tiene dificultades para mantener el orden y la disciplina, los estudiantes pueden desmotivarse y estresarse. El clima educativo disminuye su calidad, lo que puede llevar al incumplimiento de los propósitos y metas.

Por otro lado, la imposición de la disciplina en algunas escuelas puede estar motivada por otros objetivos no académicos, generalmente morales. Por ejemplo, en muchas sociedades con fuertes raíces religiosas, las regulaciones pueden subrayar una ética religiosa evidente e imponer disciplina más allá del aula, especialmente para los internados. Entre los deberes, se pueden ver normas como la asistencia a los servicios religiosos, la participación deportiva, los horarios de las comidas, la formación de una estructura de autoridad dentro de la "casa", el control estricto del tiempo de sueño, un sistema burocrático. Para la solicitud de permisos de salida o visitas y muchos otros casos. Esta normativa fuera del aula puede imponerse de forma absoluta y, en algunos casos, puede sancionarse con castigos corporales en el caso de menores en las circunstancias más extremas o la pérdida de privilegios específicos en otras.

2. **Disciplina Laboral:** tiene que ver con el desempeño profesional, distingue los asuntos laborales de los personales, asegurando que el trabajo se ejecute de manera eficiente y eficiente. Las disciplinas están definidas (en parte) y reconocidas por publicaciones académicas donde se publican resultados de investigación, sociedades científicas, departamentos académicos o facultades.

La disciplina laboral es el conjunto de acciones que nos ayudan a lograr el cumplimiento de las políticas, normas y reglamentos de una entidad por parte de todos sus integrantes, como la capacidad de establecer un orden mínimo necesario para ejecutar, de manera efectiva, una actividad. En cualquier lugar, el desorden abre las puertas a otros males como: ineficiencias, falta de respeto, improductividad, desorganización e incumplimiento. No se comprende la realidad en una oficina de servicios de población, si los que asisten llegan tarde y se van temprano o tienen que pagar montos elevados a personas "dueñas" de los primeros turnos de una cola, para poder acceder a tales actividades.

La gente está molesta con las acciones de la gente que está haciendo un "negocio financiero" de los beneficios para las masas, complican cualquier proceso y hacen que el trabajo suceda.

Estamos ante la desorganización de quienes brindan esa ayuda y no se justifica ignorar el fenómeno nocivo del enriquecimiento ilícito, porque eso está "fuera de la puerta". Si lo que ocurre en el interior se ve perjudicado por el comportamiento de los demás, estés donde estés, debes actuar al respecto y crear mecanismos para trabajar contra esas actitudes obstructoras.

La máxima dirección del país aboga por procesos que no generen molestias a los vecinos y una mayor dedicación de los grupos, lograda con más amor al trabajo. Podemos aprender más si internalizamos estas máximas: el poeta argentino Facundo Cabral: Quien no ama su trabajo, aunque trabaje todo el día, está desempleado.

Napoleón Bonaparte: El triunfo no siempre es ganar, pero nunca desanimarse. Un proverbio inglés: Un mar en calma no hace marineros. Del empresario estadounidense Henry Ford: Siempre tiene la razón, si cree que puede, puede, y si cree que no puede, no puede. De cualquier manera tienes razón. Lao Tse, filósofo chino: Para guiar a las personas, camina detrás de ellas.

Objeto e importancia de la disciplina laboral.

Para facilitar el logro de sus propósitos, las organizaciones establecen políticas, reglamentos y normas de convivencia social que garantizan un adecuado comportamiento de sus integrantes. El desconocimiento y vulneración de estos elementos organizativos, además de socavar los objetivos de la empresa, afectan negativamente al medio ambiente y la calidad de vida laboral de sus trabajadores. El desarrollo y aplicación del régimen disciplinario para desalentar conductas indeseables es una de las tareas difíciles de los gerentes y especialmente de los supervisores de primera línea. El manejo inadecuado o injusto de las acciones disciplinarias daña las relaciones entre gerentes y sus colaboradores; muchos conflictos tienen su origen en la aplicación inadecuada de sanciones, aunque también se reconoce que las acciones correctivas bien aplicadas y por razones justas no generan denuncias.

ADMINISTRACIÓN DE PERSONAL. Un acercamiento a la calidad humana

Es necesario tener claro que el mantenimiento de la disciplina laboral no se logra exclusivamente castigando el mal comportamiento, ya que existen medios preventivos que son muy efectivos para lograr comportamientos deseables.

La existencia de situaciones que generan quejas, distintas de las sanciones disciplinarias, como traslados inesperados, desconocimiento de derechos pactados y mal trato por parte de los directivos, hace conveniente separar la función de disciplina laboral de la tramitación de quejas.

Este capítulo tiene como objetivo resaltar la importancia del papel de la disciplina laboral, identificando las causas de los problemas disciplinarios y asegurando la aplicación de las acciones disciplinarias necesarias para mantener un buen comportamiento por parte de los integrantes de la empresa.

Definición y finalidad de la disciplina laboral

La disciplina laboral es el conjunto de acciones encaminadas a lograr el cumplimiento de las políticas, normas y reglamentos de la empresa, por parte de todos sus integrantes.

Hemos visto cómo la empresa, a la hora de seleccionar a sus trabajadores, se esfuerza por identificar a aquellos candidatos que tienen más probabilidades de adaptarse a su cultura. Sin embargo, en algunos casos existen comportamientos insatisfactorios, frente a los cuales es necesario actuar para asegurar la armonía y el buen funcionamiento de la organización.

El propósito de las acciones disciplinarias es asegurar que el comportamiento y desempeño de los trabajadores sea consistente con las pautas de la empresa. El cumplimiento de las políticas, reglas

20

y regulaciones se logra no solo mediante la aplicación de sanciones disciplinarias para quienes se desvían de ellas, sino a través de recompensas para quienes las respetan. Lamentablemente, las sanciones se utilizan con frecuencia más que las recompensas y, en algunos casos extremos, la única acción disciplinaria que se toma es el despido del trabajador. Sin embargo, cada vez más organizaciones se preocupan por establecer el reconocimiento de comportamientos excepcionales para estimular el respeto por la cultura institucional.

Las ventajas de usar recompensas en lugar de penalizaciones son: Las recompensas otorgadas actúan para reforzar el desempeño mejorado. Se evitan las reacciones negativas que genera cualquier sanción.

También se reconoce fácilmente que la disciplina laboral es esencial para vivir y trabajar en armonía y eficiencia. El descuido de las acciones disciplinarias genera un ambiente laboral indeseable tanto para los trabajadores como para la institución en general.

Incluso las acciones disciplinarias negativas o correctivas pueden ser consideradas como una oportunidad de aprendizaje y mejora para las partes involucradas: el trabajador aprenderá a mejorar su comportamiento y el gerente conocerá las causas que mueven a los trabajadores a socavar las relaciones humanas y la productividad.

Por tanto, nos damos cuenta de que tanto los fines como los medios de la función disciplinaria son importantes para la empresa en su conjunto. Es por eso que los gerentes son cada vez más cuidadosos al manejar las acciones disciplinarias.

3. **Autodisciplina:** En cualquier ámbito, que se aplica a uno mismo para realizar una tarea en un tiempo estipulado y de forma ordenada. La autodisciplina también se refiere a la capacidad de la persona para realizar una tarea específica o adoptar un comportamiento particular, incluso si esa persona prefiere hacer otra cosa. Por ejemplo, esforzarse por (y lograr) reemplazar un hábito dañino (para esa persona u otros) con cualquier actividad (placentera o no) que contribuya a mejorar su calidad de vida (o la de los demás) es una muestra de autodisciplina.

Hasta cierto punto, la autodisciplina es un sustituto de la motivación cuando usa la razón para determinar el mejor curso de acción en lugar de los propios deseos. Sin embargo, la autodisciplina puede conducir a dos tipos de comportamientos:

- Comportamiento virtuoso: las motivaciones se alinean con los objetivos: hacer lo que uno sabe que es mejor y hacerlo con gusto.
- Comportamiento contingente: por otro lado, es cuando haces lo que sabes que es mejor, pero debes hacerlo en contra de tus motivaciones.

Pasar de un comportamiento contingente a un comportamiento virtuoso requiere entrenamiento y algo de autodisciplina.

EJEMPLOS DE DISCIPLINA

La disciplina es un entrenamiento que aumenta el autocontrol, el carácter, el orden y la eficiencia. Ejemplos de disciplina:

1. Despertarse por la mañana cuando le gustaría dormir.
2. Abstenerse de comer en exceso o de comer ciertas cosas porque sabe que son malas para su salud (aunque las desee).
3. Censurar todo lo que lee o ve en la televisión, se niega a leer, mirar o escuchar basura.

4. Énfasis en la mejora personal continua. Estudiar para mejorar, aunque no disfrutes especialmente haciéndolo.
5. Abstenerse de beber alcohol.

LOS PELIGROS DE LA AUTODISCIPLINA

Mantener la disciplina y ser bueno en el trabajo también conlleva un riesgo que casi nadie tiene en su radar. Los científicos que trabajaron con Christy Koval de la Fuqua School of Business de Duke demostraron que la autodisciplina tiene muchas ventajas, pero los afectados también sufren considerablemente por su competencia.

Estas personas son instintivamente elevadas (por otros). Y por último, pero no menos importante, las personas autodisciplinadas y autorreflexivas se imponen enormes exigencias a sí mismas. Precisamente porque son tan disciplinados, trabajan más y más duro que los demás y, a menudo, les gusta explotarse a sí mismos, hasta el punto de agotarse.

Debido a la disciplina, continúan trabajando duro, incluso más allá de sus límites. Como con tantas cosas, lo siguiente se aplica a la autodisciplina: ¡Depende de un nivel saludable!

Por que necesitas disciplina

Seamos realistas, construir un negocio es divertido de vez en cuando, pero a menudo es un trabajo desafiante. Muy pocos de nosotros nos levantamos por la mañana y tenemos ganas de redactar nuestra declaración de impuestos, presentar un plan de negocios o encargarnos de todas las aburridas y tediosas tareas administrativas que forman la base de un negocio exitoso. La dificultad más significativa radica en completar estas tareas de manera consciente y regular durante un período prolongado.

Incluso si ya tiene su objetivo en mente, debe tener disciplina y fuerza de voluntad para lograrlo.

Por qué la disciplina es una prioridad más alta que la inspiración

La inspiración es la necesidad de lograr un objetivo particular y dar los pasos esenciales. Normalmente, es el impulso principal lo que lo inicia en una tarea. ¿La cuestión? Generalmente no estás motivado. En el caso de que utilice la motivación como su impulsor esencial, encontrará días en los que se sentirá desmotivado y con ganas de hacer sus quehaceres. Si no tiene suerte, esta etapa puede continuar durante un período de tiempo considerable, posiblemente semanas. Quizás simplemente permanezca allí y confíe en que su motivación se restablecerá, perderá tiempo y dinero, su oposición aumentará la ventaja y le llevará más tiempo lograr sus objetivos. En cambio, lo que te hace avanzar es la disciplina. Cuando pierdes tu motivación

Autoengaño En Lugar De Autodisciplina

La autodisciplina es una cosa, la tentación la otra: un camino esencial para tener más autocontrol es evitar estrictamente la tentación. Ésta es la conclusión de la investigación de Loran Nordgren de Kellogg School of Management.

La ironía es que las personas que creen que tienen un alto grado de autocontrol a menudo se exponen a más tentaciones y, en última instancia, sucumben a ellas. En uno de los experimentos subyacentes, los posibles exfumadores fracasaron rápidamente debido a una película animada ("Café y cigarrillos") o comenzaron a fumar nuevamente después de solo cuatro meses. Un caso clásico de autoengaño.

PERO, ¿Y SI TE FALTA DISCIPLINA?

Para la mayoría de la gente, la disciplina no es innata; hay que aprenderlo. Por lo tanto, no es de extrañar que los gerentes y directores ejecutivos más exitosos tengan un entrenador personal que los ayude a perseguir estos objetivos. Del mismo modo, puede avanzar libremente hacia su autodesarrollo y entrenar su autodisciplina. A continuación se presentan algunas sugerencias sobre el método más eficaz para lidiar con su autodisciplina.

- Establezca metas a largo plazo y búsquelas.

  Quizás necesite ser eficaz a largo plazo; no es suficiente tener un arreglo dudoso para los próximos años; necesitas una visión. Cuanto más explícitos sean sus objetivos, más probable será que los cumpla. Los planes a largo plazo son fundamentales para garantizar que su empresa se desarrolle a más largo plazo. Hacen que su prosperidad sea cuantificable y lo ayudan a separar su ejemplo de superación de la adversidad en metas más pequeñas y luego crearlas.

  ¿Por qué?

  Su cerebro está demasiado entrenado para el éxito a corto plazo y los mecanismos de recompensa asociados, por lo que es difícil seguir un plan a largo plazo. Si puede reconstruir su mente para encontrar la plenitud y el logro a través de metas a largo plazo, establecerá el marco correcto para un logro duradero que perdurará.

- Descubra cómo dar la bienvenida al proceso en lugar de centrarse esencialmente en su objetivo.
- Divida sus objetivos prolongados en tareas y centre los objetivos en todos los arreglos más probables con su tiempo.
- Desarrolle medidas que pueda seguir para extender su efectividad.
- Organice su lugar de trabajo para que pueda trabajar, preferiblemente. Si dispara su día limpiando primero, está en camino
- Controle sus emociones: su defecto más notable son sus sentimientos. Agotamiento, plenitud, desilusión; todos sustituyen la técnica por tu prolongado objetivo. Mantener un negocio productivo no suele ser divertido; solo deberían hacerse un par de recados.

¿Por qué?

Si te dejas guiar mucho por tus sentimientos, pensarás que es difícil reunir la disciplina necesaria para completar tus diligencias a largo plazo de forma consciente. Las elecciones sensatas lo impulsarán y lo ayudarán a lograr sus objetivos.

- Desarrolle aprecio y agradecimiento por lo que ha logrado hasta este momento. La capacidad de ver las cualidades positivas todos los días lo hará efectivo a largo plazo.

- Medita. La meditación no solo es una herramienta poderosa para practicar la autodisciplina, sino que también te ayuda a comprender mejor tus sentimientos y a controlarlos.

- Desarrolle un horario de sueño saludable. Los horarios regulares para conciliar el sueño y despertarse ayudan a su cuerpo a ser productivo de manera óptima y a evitar que se entregue a los malos hábitos.

- Resista el comportamiento impulsivo: Todos los días cedemos a los impulsos sin siquiera darnos cuenta de cuánto afectan nuestra vida cotidiana. El comportamiento impulsivo surge del deseo de satisfacer una necesidad particular al instante, aquí y ahora. Si cede a estas necesidades, socavarán sus esfuerzos por desarrollar la autodisciplina y dañarán su éxito a largo plazo. Además, estas necesidades rara vez son adecuadas para usted: la adicción al juego, el consumo de alcohol y el tabaquismo son comportamientos impulsivos que resultan en una satisfacción inmediata de las necesidades. ¡Pero la necesidad de consultar las redes sociales y obtener la confirmación de los me gusta y los comentarios también tiene exactamente el mismo efecto! Deshacerse de estos comportamientos no funciona de la noche a la mañana y no siempre es fácil. Un entrenador puede ayudarlo si tiene dificultades con la implementación.

¿Por qué?

El comportamiento impulsivo es el mayor enemigo de su autodisciplina. Una vez que lo tenga bajo control, será más fácil para usted concentrarse en sus metas y tomar los pasos vitales para lograrlas.

- Minimice el tiempo que pasa en las redes sociales (o elimine sus canales de redes sociales por completo si distraen demasiado). La confirmación de que recibes me gusta o comentarios puede ser agradable, pero no dura mucho y te distrae de tus objetivos reales.
- Manténgase alejado del alcohol, los cigarrillos y las drogas.

- Evite la comida rápida y coma de manera saludable. Suficiente ejercicio y una dieta saludable son una de las piedras angulares de una vida exitosa.

CAPÍTULO 1

LA CIENCIA Y PSICOLOGÍA DE LA DISCIPLINA

Hay varias disciplinas dentro de lo que comúnmente se conoce como psicología. El hombre es un ser complejo formado entre emociones, pensamientos, comportamientos, memoria, inteligencia y biología, órganos y sensaciones.

En este contexto, es imposible considerar la psicología humana desde un único punto de vista. En el sentido amplio del término, la psicología se puede definir como el estudio de la mente humana. Pero también es el estudio de los comportamientos, los patrones de pensamiento del ser humano.

- Hablamos de psicología cognitiva para evocar el estudio de la memoria, la inteligencia, el aprendizaje

- La llamada psicología social se ocupa del individuo en un grupo. ¿Cuáles son los tipos de relaciones interpersonales y cómo trabajan los grupos entre sí? ¿Cómo aparece la discriminación? Tantas preguntas a las que los psicólogos sociales intentan responder.

- La psicología clínica es una disciplina centrada en el individuo, su problemática individual en un contexto dado, una historia, una situación particular.

- Las neurociencias han permitido enormes avances en psicología. La neuropsicología hoy permite comprender mejor el funcionamiento del cerebro humano y las patologías que se derivan de alteraciones en su funcionamiento.

- La psicología del trabajo permite estudiar al Hombre en su entorno más actual durante su carrera. Complementaria a la ergonomía, esta disciplina juega un papel vital en la adaptación del hombre a su puesto de trabajo, como en la adaptación del trabajo al individuo que tiene que realizarlo.

¿Es la psicología una ciencia?

Los que nos dedicamos a la disciplina de la psicología en numerosas ocasiones hemos escuchado frases que cuestionan si la psicología es una ciencia por su subjetividad, o incluso palabras como "tengo mucho. de psicología, veo a una persona, y sé lo que es ". Declaraciones como estas nos muestran la gran confusión que existe en esta disciplina. Esto significa que la mayoría de la población no sabe lo que significa saber acerca de la psicología.

Para entender que la psicología es una ciencia, primero debes saber qué es la ciencia porque hay mucha confusión. La ciencia es considerada portadora indiscutible de la verdad ya que observa y describe la realidad. Pero reducirlo a esta definición puede conducir a múltiples errores. Ve más lejos.

¿Qué es ciencia?

La ciencia responde a una voluntad de saber, de forma adecuada, sin ilusiones. Este primer indicio puede parecer simplista, pero constituye un criterio esencial que separa la ciencia de actividades que tienen fines distintos, como legislar sobre la sociedad, embellecer la realidad, dar esperanza, reproducir tradiciones, prescribir comportamientos, adoctrinar multitudes, transmitir opiniones. El término sabrá "realmente" indica que esta voluntad es doble: es ir hacia el conocimiento actual (de acuerdo con la realidad), pero también no engañarse, no engañarse. Cíñete a las creencias.

Conocer implica, en general, confrontar las propias creencias actuales y las ajenas, lo que plantea otra dimensión, inesperada en la ciencia, la de la pureza y el rigor moral. Tienes que querer la verdad sin comprometer tus preferencias ni las de los demás.

Algunas personas y culturas no están a favor y prefieren tener creencias. El apetito por el conocimiento genuino no se comparte unánimemente. Muchos le son indiferentes y optan por confiar en un dogma tranquilizador; sólo unos pocos asumen auténticamente la responsabilidad de la experiencia frente a la realidad. La historia demuestra que la voluntad de saber no siempre se ha realizado socialmente. Puede ser políticamente prohibido o combatido. En algunas culturas, está prohibido conocer de forma independiente porque los mitos religiosos se declaran verdades absolutas.

En palabras de Charles Sanders Peirce, la ciencia exige

"Un deseo ardiente de saber cómo están las cosas".

El término crítico aquí es "realmente", es decir, realmente, sin conformarse con los enfoques de sentido común o las creencias mito-teológicas que inundan el espacio cultural.

Encontramos la misma idea en Norbert Elias, para quien la ética de un científico depende del requisito de "descubrir las cosas como son, independientemente de lo que la gente haya dicho antes y de lo que desee actualmente" (The Social Dynamics of Science. Sociology. of Knowledge and Science, p.239. J seguí mi camino, p.74).

Una verdad de adecuación: la ciencia tiene como objetivo construir un conocimiento adecuado, en el sentido de la suficiencia de la experiencia para el mundo, lo que implica captar las manifestaciones de la realidad más allá de las apariencias y las ilusiones.

Para usar las palabras de Robert Lenoble, es simplemente una

"hacer contacto entre un hombre y las cosas",

Un contacto más directo finalmente liberado de lo que los separa: la espesa capa de ilusión tejida de esperanzas, miedos, fantasías, necesidades, intereses inmediatos, que se proyecta sobre el entorno.

Este deseo de una verdad adecuada es individual y colectivo:

- Es personal, en el sentido de que determinadas personas están habitadas por una curiosidad que las empuja a buscar el conocimiento auténtico de forma honesta, no parcial, y así renunciar a las quimeras de todo tipo que construyen los demás hombres. Sin este aspecto psicológico, no se puede crear ciencia. La inclinación natural del hombre es negar, resolver y sesgar la realidad, en lugar de confrontarla.

- Esta voluntad se vuelve colectiva cuando la ciencia se integra a la cultura. Desde el siglo XIX en Occidente, la ciencia ha sido sistemáticamente a través de instituciones específicas con importantes recursos. Una dinámica social llevó a muchas personas en esta búsqueda y control colectivo de la adecuación de los medios utilizados para conocer el mundo.

Adquirir la verdad de la adecuación es lento y difícil. El hecho de la suficiencia se gana en el poder de la fabulación, la propensión a imaginar, inventar ficciones y proyectarlas en el medio, lo que los hombres siempre han hecho y siguen haciendo.

Se necesita un gran esfuerzo para saber, porque la ignorancia no es solo una falta de conocimiento. Es la somnolencia de la razón en beneficio de la imaginación. Se ignora la ignorancia porque las fábulas y las visiones preceden a la verdad. Llenan el vacío, que no tiene tiempo de parecer que ya está lleno de fabulaciones. Fueron necesarios largos siglos de trabajo intelectual y el esfuerzo de valientes personalidades para liberarse (muy parcialmente) de las ideologías y el pensamiento mágico-religioso.

Con Kepler y Galileo, vemos manifestando la tenaz voluntad de saber. Como la mayoría de sus contemporáneos, ambos podrían haberse contentado con la idea clara de que el Sol gira alrededor de la Tierra. Pero querían verificarlo, estar seguros de ello, saber, contra el sentido común y contra el dogma del tiempo. Desafortunadamente, llegaron a una conclusión diferente a la del principio académico y la evidencia empírica. Galileo no podría haber divulgado su convicción o haberse contentado (como le habían aconsejado) con afirmar que su teoría explicaba las apariencias, nada más. Pero, quiso difundir y afirmar que su conocimiento era adecuado a la realidad del Universo.

Conocerlo y afirmarlo son características de la ambición, incluso se podría decir de la pasión científica porque requiere energía, tenacidad y disposición al sacrificio.

Medios apropiados (un método)

También necesitamos medios de conocimiento apropiados. Esta asociación entre la voluntad de saber y los medios de comprensión no tiene lugar necesariamente. Debemos encontrar el método práctico de observación y experimentación para verificar esta adecuación y, a la inversa, sancionar la insuficiencia, la falsedad y la ilusión intelectual.

La voluntad de saber no tiene éxito sin la pragmática, un método que se convierte en su "piedra de toque".

En algún momento de la historia, esto tendrá los medios adecuados para lograrlo en el siglo XVII. Historiadores y filósofos (Alexandre Koyré, Herbert Butterfield, Thomas Kuhn) han hablado de la "revolución científica" para constatar la aparición de esta nueva forma de conocer. Anteriormente, existía la intención, pero los hombres de épocas anteriores no podían permitirse sus ambiciones.

Pongamos otro ejemplo, el de la química. Hasta el siglo XVIII persistió la teoría de Aristóteles sobre los elementos constitutivos del mundo. Esta concepción asoció la visión compartida de la realidad, que distingue fuego, aire, agua y tierra, con un cuadro lógico en el que las cualidades opuestas (seco, húmedo, caliente, frío) no podrían coexistir. Esta teoría es consistente y parece relativamente aparente. ¿Qué están haciendo Lavoisier y los otros químicos a finales del siglo XVIII? Ellos prueban empíricamente los elementos tratando de descomponerlos. Y no pueden encontrar el de Aristóteles. El investigador no toma al pie de la letra lo que la tradición da como conocimiento útil. Este aspecto crítico no se investiga ni se reivindica por sí mismo. El saber provoca la crítica porque es un conocimiento diferente al del mito y de la tradición que surge.

Por el contrario, la gente, en determinados momentos de la historia, se arriesga. Así, Copérnico, Galileo, Kepler, Newton, Lavoisier aplicaron el razonamiento racional y los procedimientos experimentales, mientras se supuso la escolástica y la religión. Se necesita una forma apropiada de conocimiento y una fuerza de carácter para usarlos.

Gracias a esto, algunas personas aceptan el riesgo y la incomodidad del conocimiento práctico frente a la alteridad y la indiferencia del mundo frente a las aspiraciones humanas.

Este esfuerzo de la verdad liberándose de dogmas, ideologías, creencias, fabulaciones no es una actitud típica porque requiere un esfuerzo. No aporta el placer de creer en lo que tranquiliza la satisfacción o da una ventaja. Es una actitud que, sin embargo, se difundió entre los estudiosos desde el siglo XVII y más ampliamente en el siglo XIX. Se hace posible una nueva relación del hombre con el mundo bajo el régimen de un enfrentamiento real, despojado de ideologías e ilusiones mágico-teológicas. Esta actitud afecta solo a una parte de la humanidad. Otro sigue aferrado a sus fábulas con violencia y tenacidad.

Se puede esperar que la ciencia proporcione a la humanidad un conocimiento real y tangible del mundo sobre su evolución en la medida de lo posible. Podemos esperar que responda eficazmente al deseo de una comprensión auténtica del mundo que impulsa a algunos hombres en lugar de las respuestas quiméricas e ilusorias que dan la ideología, los mitos y las religiones. Es una reforma del pensamiento lenta y dolorosa, siempre incierta, porque se va a recuperar con cada generación, para tener acceso al Universo tal cual es.

La ciencia es una rama del conocimiento que busca describir, explicar, predecir y modificar un dominio de la realidad: la psicología con respecto al comportamiento humano y los procesos cognitivos. La ciencia tiene un objetivo pragmático; busca comprender ciertos eventos para usarlos en su beneficio. Para ello, utiliza su metodología, el método científico.

CAPÍTULO 2

DESARROLLO DE LA AUTODISCIPLINA

Consejos para aprender disciplina

La paradoja es que muchas personas que se cree que son autodisciplinadas no dirían eso de sí mismas. Levantarse por la mañana y salir a trotar es tan natural para ella como cepillarse los dientes. Llegar allí es el verdadero desafío: es el arte de entrenar a tu yo más débil y burlarlo.

¿Como funciona? Estos son los pasos clásicos para hacer otras cosas:

1. **Actúa por tu cuenta:** vuelve a actuar y pregúntate: ¿Por qué quiero esto? ¿La solicitud proviene de usted o es un consejo bienintencionado del exterior? Para seguir con él permanentemente, tienes que darle sentido. Tiene que ser tu deseo. Todo lo demás no funciona a largo plazo.

2. **Establecer prioridades:** Decidir qué es esencial y urgente y qué tiene tiempo o se puede delegar. El método Eisenhower es especialmente adecuado para esto. Pero también las listas de tareas pendientes.

3. **Establezca una hora específica:** si planea terminar su declaración de impuestos en algún momento antes de fin de año, probablemente nunca lo haga o lo haga en el último minuto. La fecha límite "a veces" tienta a posponerse. Será mucho menos exigente para usted ceñirse a su resolución si establece un punto específico en el tiempo, como con la ley de Parkinson.

4. **Divida las tareas grandes en pequeñas:** es como la ley física de la inercia: una vez que un cuerpo masivo está en movimiento, es más fácil mantenerlo en movimiento. "Incluso el viaje más largo comienza con un solo paso", dice un proverbio chino. Entonces, comience con pequeños pasos.

5. **Establezca metas realistas:** Muchos también fracasan porque se fijaron un plan desde el principio que no pueden lograr. Si luego te das cuenta de que no puedes lograr este objetivo, abandona la frustración. Al principio, es mejor fijarse metas pequeñas, como correr diez minutos al día. Entonces se sentirá bien cuando haya alcanzado estos objetivos.

6. **Encuentra tu ritmo:** cada persona tiene diferentes fases de trabajo en un día. La llamada

cronobiología es decisiva para ello. El organismo, es decir, el metabolismo, la actividad de los órganos y la capacidad de concentración, fluctúa considerablemente en un día. Los madrugadores (también llamados alondras) se diferencian en particular: se levantan temprano en la mañana e inmediatamente están en plena forma. Y los madrugadores (también llamados búhos), que todavía están bien despiertos por la noche, pueden concentrarse bien. Estos tipos son independientes de la cantidad de sueño que necesita una persona. Sus fases de trabajo separadas se retrasan notablemente. Entonces, si es posible, actívese solo en su pico.

7. **Visualice su objetivo:** la motivación surge de la expectativa de un sentimiento positivo de recompensa. Mantén esto en mente. ¿Por qué estás haciendo esto? ¿Qué te dedicas después del trabajo? Para algunas personas, es suficiente imaginarse la meta; otros necesitan una foto. Pruebe lo que le funcione mejor.

8. **Encuentre un modelo a seguir:** El solo hecho de pensar en una persona autodisciplinada promueve la autodisciplina. La psicóloga social Michelle van Dellen de la Universidad de Georgia y su colega

44

Rick Hoyle de la Universidad de Duke demostraron esto en un experimento. Los sujetos vieron a una persona alcanzar la zanahoria o la galleta. Aquellos que vieron a los comedores de verduras fueron más autodisciplinados después.

9. **Ignore a los que dudan:** Estoy seguro de que sabe que: le contó su idea a un amigo o conocido y ellos reaccionaron con escepticismo. Esto despertará dudas en ti mismo que sacudirán tu motivación. Antes de que te des cuenta, tu nuevo proyecto es cosa del pasado. Ármate contra eso y deja que los quejosos reboten en ti.

10. **Recompénsese por el éxito parcial:** en ausencia de comentarios positivos, la gente tiende a darse por vencida. Por el contrario, la apreciación tiene un efecto enormemente positivo, como ha demostrado Albert Bandura, profesor de psicología en la Universidad de Stanford: quienes han recibido elogios están más motivados, se fijan metas más altas, se sienten más comprometidas con ellas y, a veces, incluso asumen que las han cumplido mejores habilidades, lo que a su vez mejora su desempeño. Así que felicítese y recompénsese por lo que ha logrado. Porque eso también une a todas las personas exitosas: mantienen la brecha entre la

intención y la ejecución lo más pequeña posible y, por lo tanto, el factor de diversión es grande.

Y no te rindas. Es una prisa, pero no hay atajos. "Muchos son persistentes con respecto al camino una vez tomado, pocos con respecto a la meta". - Friedrich Nietzsche.

Formas poderosas de tener la disciplina

Algunas cosas te ayudarán a aprender a ser disciplinado, lo que te ayudará a ganar la fuerza de voluntad que necesitas para tener una vida más feliz. Si está buscando hacerse cargo de sus hábitos y decisiones, estas son las cosas más eficientes que puede hacer para dominar el arte del autocontrol.

1. **Sea consciente de sus debilidades:** todos tenemos defectos que tienen efectos especiales en nosotros. Pueden ir desde pensar en comida chatarra como papas fritas o galletas con chispas de chocolate hasta tecnología que usa Facebook o la última aplicación de juegos adictiva.

   Reconozca sus defectos sin importar cuáles sean. A menudo, muchas personas intentan fingir que no son vulnerables a algo o tratan de ocultarlo. Sea claro sobre sus defectos. De lo contrario, no podrá someterlos hasta que los visualice.

2. **Elimina las tentaciones:** Como dice el epigrama, "fuera de la vista, fuera de la mente". Puede que te parezca una tontería, pero esta frase tiene un consejo poderoso. Es simple, elimine las mayores tentaciones de su entorno y su disciplina mejorará significativamente.

Si quieres comer más sano, tira la comida chatarra. Si quieres mejorar tu productividad laboral, bloquea las notificaciones de las redes sociales y pon tu celular en silencio. Mientras menos diversiones tenga, más enfocado estará en lograr sus metas. Prepárese para el éxito manteniéndose alejado de las malas influencias.

3. **Establezca metas más precisas y tenga un plan de ejecución:** Si desea lograr el autocontrol, debe tener una visión clara de lo que espera lograr. También debe tener una idea clara de lo que significa el éxito para usted. Después de todo, si no sabe a dónde va, es fácil perderse o desviarse de su camino.

Tener un plan claro marcará cada paso que debe dar para alcanzar sus metas. Descubra quién es usted y de qué está hecho. Crea un mantra para mantenerte enfocado. Para mantener el rumbo y establecer un plan sencillo, utilice esta técnica.

4. **Desarrollar la autodisciplina:** no nacemos con disciplina; este es un comportamiento que se aprende. Y, como cualquier otra habilidad que desee dominar, requiere una práctica diaria y repetitiva. Como ir al gimnasio, y la autodisciplina requiere mucha dedicación y trabajo.

   A medida que pasa el tiempo, puede volverse progresivamente desafiante mantener su fuerza de voluntad bajo control. Cuanto mayor sea la tentación o la decisión, más difícil será afrontar otras tareas que requieran autocontrol. Por esta razón, trabaje a diario para desarrollar su autodisciplina.

5. **Cree hábitos simples:** Ser disciplinado y trabajar para crear una nueva rutina puede ser abrumador al principio, principalmente si se concentra en todo lo que tiene que hacer. Para que esta situación no te haga sentir intimidado, no te compliques. Alcanza tu objetivo a través de pequeños pasos en lugar de cambiar todo simultáneamente, pensando en hacer una cosa de manera constante y, con ese objetivo en mente, te dominarás a ti mismo.

   Si está intentando ponerse en forma, comience haciendo ejercicio de 10 a 15 minutos al día. Si está tratando de dormir mejor, comience por acostarse 15 minutos antes cada noche. Si desea comer más sano, comience por preparar su almuerzo al día siguiente por la noche. Puede incluir más objetivos en su lista cuando se sienta listo.

6. **Come de forma saludable y regular:** esa sensación de irritabilidad que sientes cuando tienes hambre es real y puede tener un impacto significativo en tu fuerza de voluntad. A menudo se ha demostrado que un nivel bajo de azúcar en la sangre debilita la vista de las personas y las vuelve gruñones y pesimistas.

Cuando tiene hambre, su capacidad de concentración se ve afectada y su cerebro no funciona bien. Es probable que su autocontrol se debilite en todos los aspectos, incluida la dieta, el ejercicio, el trabajo e incluso sus relaciones. Entonces, para mantenerse en orden, coma de manera saludable y regular.

7. **Cambie su percepción sobre la fuerza de voluntad:** Según la Universidad de Stanford, la cantidad de voluntad que tiene una persona está predeterminada por lo que concibe. Si cree que tiene poca fuerza de voluntad, probablemente no

exceda esos límites. Si no se limita a sí mismo, es probable que logre sus objetivos.

Es probable que nuestras ideas sobre la fuerza de voluntad y el autocontrol nos determinen. Si logra eliminar esos obstáculos subconscientes y cree que puede lograr lo que se propuso, se estará dando el impulso adicional de motivación que necesita para lograr sus objetivos.

8. **Tenga un plan B:** Los psicólogos usan una técnica llamada "intención de implementación" para aumentar la fuerza de voluntad. Por un momento, imagina que estás tratando de comer más saludablemente, pero te diriges a una fiesta donde se servirá mucha comida. Ahí es cuando sabes que tienes que lidiar con una situación difícil, pero la resolverás.

   Antes de irse, dígale a su mente que en lugar de sumergirse en un plato de queso y galletas, beberá un vaso de agua y se concentrará en socializar. Elaborar un plan lo ayudará a prepararse mentalmente y a tener el control necesario para la situación. Reservarás energía al no tener que tomar una decisión repentina basada en tus emociones.

9. **Recompénsese:** Piensa en algo que te emocione y recompénsate cuando logres tus metas. Por

ejemplo, cuando eras un niño y recibías un premio por tener razón. Pensar en algo que te guste puede ser la motivación que necesitas para tener éxito.

Anticipar tiene sus beneficios; te da una razón para obsesionarte y concentrarte; ahora, no estará pensando en lo que debería cambiar. Y cuando alcance su objetivo, encuentre una nueva recompensa para seguir avanzando.

10. **Perdónate y sigue adelante:** Incluso con nuestras mejores intenciones y planes bien definidos, a veces nos acercamos a alcanzar nuestras metas. Esto suele suceder. Puede tener altibajos, grandes éxitos y fracasos lamentables. La clave es seguir avanzando.

Si te caes, reconoce qué lo causó y sigue adelante. No te dejes envolver por la culpa, la ira o la frustración porque estas emociones solo te hundirán e impedirán tu progreso. Aprenda de sus errores y perdónese a sí mismo. Vuelve al juego y vuelve a centrarte en tus objetivos.

CAPÍTULO 3

LA IMPORTANCIA DE LA DISCIPLINA EN NUESTRAS VIDAS

Quizás se pregunte por qué la disciplina es esencial para alcanzar las metas; lo cierto es que ayuda a establecer el equilibrio dentro de cualquier sistema, proceso o entidad ya que permite su desarrollo de manera efectiva y eficiente. A condición de que no haya disciplina, no hay orden, y donde no hay orden, los resultados suelen ser un desastre; por lo tanto, este valor es de suma importancia en todos los aspectos de la sociedad, como la familia, la escuela, el trabajo y la vida, la comunidad en general.

Generar el hábito de la disciplina en nuestro día a día es una tarea que puede resultar difícil para muchos. Sin embargo, la disciplina puede traer muchas más ventajas que desventajas; de hecho, puedo decirles con certeza que no encuentro ninguna debilidad en ser disciplinado.

La disciplina es un hábito que se genera a partir del compromiso, es el autocontrol, pero sobre todo, podría decir que la disciplina es tener claro tus objetivos, tener la mirada fija en ellos, hasta tal punto que no eres capaz de sucumbiendo a cualquier camino que yo te desvíe de ellos.

La disciplina es la clave del éxito. Para tener éxito en su vida, la disciplina es esencial. Podría mencionar otros como creatividad, constancia, esfuerzo, talento, inteligencia. Pero la disciplina es vital para lograr sus objetivos.

Sin disciplina, cualquier cosa que haga, incluido el lugar de trabajo, incluso lo personal, como el ejercicio, los vicios, la alimentación saludable, sería imposible de lograr. Es más que necesario empezar a trabajar en tu disciplina si quieres ser una persona exitosa que cumpla tus metas.

La definición más precisa de disciplina podría ser:

La disciplina es la coordinación de actitudes que busca lograr el fin de desarrollar actividades específicas y lograr resultados positivos lo antes posible.

Como se mencionó anteriormente, la disciplina requiere autocontrol, establecer estándares, objetivos, reglas, que deben cumplirse para lograr lo que se propuso hacer. Entrando en el tema de las regulaciones, son reglas autoimpuestas, necesarias para tener éxito. Supongamos que un ejemplo podría ser que usted convierta en práctica el levantarse

53

temprano todos los días, disfrutar de su tiempo y ser más productivo en su trabajo.

Este tipo de normas son necesarias para lograr objetivos; tal vez si fallas nadie te dirá nada, pero te estarás fallando a ti mismo, y tiene mucho que ver con la conciencia, el hecho de que cumpliendo con las normas autoimpuestas te sientes mejor.

Quizás otra regla podría ser dejar de fumar porque sabes que no le hace bien a tu cuerpo, así que te pones la meta y los pasos necesarios para lograrlo. Reducir el número de cigarrillos al día, o dejar de fumar por completo, etc. Establecer un compromiso con uno mismo es parte de la disciplina; es comprometernos y tener una visión clara y de futuro de lo que queremos para nosotros. El deseo es tan grande que nada te impedirá lograrlo.

El orden también es una parte esencial de la disciplina; ser ordenado y comprometido es necesario para evitar el fracaso.

Exigirle más que la cuenta, dar ese extra, debe ser necesario a la hora de practicar la disciplina. ¿Por qué? Porque cuando nos comprometemos, debemos saber que somos capaces de eso y más; a una persona que busca la excelencia no le gusta estar en su zona de confort. Ser disciplinado debe ser un hábito, algo que debes cultivar todos los días. Incluso si no quiere o siente que no puede, DEBE; eso es parte de la disciplina.

Muchas veces sentirás que ya no quieres continuar, que ya no puedes. Querrás renunciar a tus objetivos y abandonar la batalla. Ahí es cuando debería entrar la disciplina; cuando ya no quieras, debes obligarte a hacerlo porque sabes que la recompensa es grande y que todo es para tu bien.

La disciplina es una parte fundamental para tener éxito, y no, no es difícil de adquirir; hay que estar dispuesto a comprometerse consigo mismo, tan pensativamente y con sus metas, que vaya a seguir adelante, sin importar si el panorama, en alguna o varias ocasiones, no es el más alentador.

Disciplina Desde Casa

La disciplina comienza a una edad temprana; esta es una parte integral de la enseñanza y el desarrollo de los niños. Esto les permite convertirse en personas mucho más seguras de sí mismas, ya que aprenden los diversos parámetros establecidos para la conducta, establecen múltiples pautas que les ayudarán a relacionarse con el resto de las personas y las prepararán para tener un adecuado desempeño dentro de la sociedad.

Aquellos que adquieran el hábito de la disciplina en casa podrán integrarse fácilmente en diferentes entornos ya que entienden que son una parte esencial y activa de la sociedad, tienen que poder adaptarse rápidamente a nuevos sistemas y normas, lo que les dará algunos derechos y garantías, y al mismo tiempo, también exigirán su compromiso y los deberes a cumplir.

AUTODISCIPLINA

Hay otro tipo de disciplina que también exige compromiso y responsabilidad. Aún así, en este caso, es con nosotros mismos; la autodisciplina es fundamental para lograr el éxito en cualquier meta u objetivo que nos propongamos. Se define como la gestión, control y desarrollo de nuestra fuerza de voluntad, que utilizaremos para lograr nuestros proyectos.

La disciplina es comprometerse y trabajar duro para lograr nuestros sueños y metas. Es sacrificar algo hoy para obtener grandes resultados mañana. En definitiva, aunque para algunas personas no es muy relevante ni desafiante de alcanzar, siempre será algo significativo ya que participa como uno de los pilares para el desarrollo de la sociedad.

¿Cómo podemos cultivar la disciplina?

La mejor manera de desarrollar la disciplina es haciendo lo que planeamos, es decir si:

- Si establecimos que entrenaríamos de 3 a 4 veces por semana, ¡manos a la obra!
- Si decidimos usar agua helada para el baño matutino diario, ¡debemos cumplir!
- Si nos planteamos seguir una dieta sana con ejercicios para conseguir adelgazar, ¡no hay tiempo que perder!

Cultivar la disciplina es algo sencillo, pero eso no quiere decir que sea fácil, incluso cuando solo se trata de cumplir con lo que teníamos planeado hacer; Una vez que podemos manejar completamente nuestro cuerpo y mente para motivarnos a comenzar y ser constantes, podemos ver el gran poder que tenemos frente a nosotros, y cómo el apoyo de la disciplina nos permite ejercitarlo de manera adecuada.

Por eso podemos decir que la disciplina es una cualidad positiva que las personas pueden cultivar a lo largo de nuestra vida; nos ayudará a alcanzar nuestras metas y cumplir con los compromisos diarios; se trata de establecer el orden, cumplir con las normas y procesos, siguiendo el plan que nos guía a nuestro destino.

La disciplina como clave del éxito

Aplicamos disciplina en diferentes áreas. Bien puede ser trabajo, estudios y  actividades físicas, por lo que es fundamental en muchas instituciones en las que participamos para garantizar su funcionamiento, como empresas, hospitales, escuelas, organismos públicos, etc. Se ha demostrado que las personas que sobresalen y tienen éxito en algunos campos tienen mucha disciplina que les ha ayudado a alcanzar sus logros. Por ello, consideramos de suma importancia fomentar su educación y relevancia desde temprana edad.

Ya sabemos que para lograr el éxito en la vida es necesario ser disciplinado. Hay otras cualidades, como la perseverancia, el esfuerzo, el talento, la inteligencia, la creatividad, pero la disciplina es la clave para lograr nuestros objetivos. Si no somos disciplinados en lo que hacemos, lograr el éxito será formidable. Por tanto, es necesario saber ser más disciplinados y trabajar en ello si queremos lograr todos nuestros objetivos.

Como hemos mencionado, la disciplina requiere autocontrol para establecer normas, reglas y objetivos a cumplir para lograr lo que nos hemos propuesto. Si fallamos quizás nadie se decepcione, pero estaremos fallando a nosotros mismos, así que cumpliendo con lo que nos imponemos, nos sentiremos mucho mejor.

Aprender a establecer un compromiso con nosotros mismos es parte de la disciplina, comprometiéndonos con una visión clara del futuro, de lo que queremos, sin detenernos en la carrera por alcanzar nuestros objetivos. La disciplina requiere esfuerzo, tenemos que ser conscientes de lo que somos capaces, y si podemos dar mucho más, sobre todo si queremos alcanzar la excelencia, debemos salir de nuestra zona de confort. El hábito de ser disciplinado es algo que se debe practicar todos los días. Sin embargo, a veces sentimos que ya no podemos continuar; debemos hacerlo y continuar con lo que nos proponemos; ayudará a consolidar la disciplina.

Es normal si, en algunas ocasiones, sentimos que ya no queremos continuar o que quizás deberíamos tomarnos siquiera un día libre. Aún así, es justo en este momento cuando entra en juego la disciplina, cuando sentimos que ya no queremos continuar, entonces es cuando nos obligamos a hacerlo ya que sabemos que es lo correcto y que una gran La recompensa nos espera al final del camino.

La disciplina es una parte fundamental para determinar si podemos tener éxito o no. No es algo difícil de adquirir; tenemos que estar dispuestos a comprometernos con nosotros mismos de tal manera que esto nos impulse a seguir adelante, sin importar si el panorama en este momento es el más alentador o no.

LA DISCIPLINA TAMBIÉN ES MÁS IMPORTANTE QUE LA INTELIGENCIA PARA EL ÉXITO

La "prueba del malvavisco", ideada en la década de 1960 y utilizada como punto de referencia hasta ahora, muestra cómo el autocontrol puede ayudar a lograr el éxito en la vida. Bajo la dirección del psicólogo estadounidense Walter Mischel, los científicos presentaron a los niños pequeños la siguiente opción: podían comer el malvavisco instantáneamente o esperar el regreso del experimentador y luego recibir un segundo como recompensa.

La mayoría de los jóvenes participantes aceptaron la gratificación tardía y se armaron de paciencia, mientras que un pequeño número sucumbió inmediatamente a la tentación. Casi 14 años después, se estudiaron con más detalle las trayectorias de vida de los escolares: los niños pacientes demostraron entonces que eran seguros de sí mismos, socialmente competentes y capaces de afrontar los reveses. Los gourmets impacientes exhibieron un comportamiento incierto, indeciso y socialmente más incompetente. Independientemente de su nivel de inteligencia, también se desempeñaron peor en la escuela.

Por tanto, se concluyó que ser paciente y darse por vencido, es decir, controlar las propias acciones, puede estimular el éxito de forma decisiva. La autodisciplina sería incluso más importante que el coeficiente intelectual. Otro estudio realizado en 2005 muestra que la disciplina es a menudo más crítica para el éxito que el coeficiente intelectual (CI), concluyeron Angela Duckworth y Martin Seligman de la Universidad de Pensilvania.

En 2005, psicólogos estadounidenses examinaron a un grupo de 300 adolescentes de entre 13 y 14 años. En una prueba inicial, evaluaron qué tan bien los estudiantes podían seguir las reglas, adaptar su comportamiento y suprimir las reacciones impulsivas. El resultado: aquellos que pudieron hacer eso obtuvieron calificaciones significativamente mejores seis meses después, estuvieron ausentes con menos frecuencia y mejoraron su desempeño más que sus compañeros de clase.

En una segunda prueba, los investigadores compararon este hallazgo pidiéndoles que completaran varias pruebas de inteligencia.

Resultado: ninguno. Tenía, a lo sumo, la mitad de influencia en el desempeño de los niños que la disciplina.

Aún más: En las pruebas con estudiantes aparecieron: quién estaba dispuesto a renunciar a placeres a corto plazo (fiestas, etc., relajarse), prefiriendo en cambio el objetivo a largo plazo del éxito académico a su tormento, sus objetivos de alcance académico dentro de cada semestre. . No así los compañeros de estudios más inteligentes, pero menos disciplinados: fracasaban más a menudo.

Entonces, un alto coeficiente intelectual no dice nada en absoluto sobre si alguien tiene un buen título universitario. Los factores más decisivos son la fuerza de voluntad (llamada volición en la jerga técnica) y la perseverancia, o en resumen: la disciplina.

Preparación Mental Para La Disciplina.
Toda acción comienza con un pensamiento; necesita tener una preparación mental para fortalecer su disciplina interna.

✓ **Conciencia:** Hay que dar el primer paso que es ser consciente del diálogo interno cuando se quiere ejercer la disciplina. Hay que estar atento a esa voz que prefiere ver televisión; cuando reconoces que está presente, puedes actuar de manera diferente.

✓ **Actitud:** es fundamental mantener una actitud positiva ante el cambio; Ya he comentado varias veces que la disciplina es similar a un músculo; si eres una persona que tiene una autodisciplina débil, no vas a ser la persona más disciplinada con solo leer un artículo, tienes que empezar a entrenar.
Ve poco a poco, elige un área de tu vida en la que quieras ser disciplinado y empieza a practicar tu

diálogo interno; En este momento es donde la actitud es esencial porque si tienes una actitud pesimista, puedes rechazar esta información y pensar que no es así. Funciona, esa es la parte de tu cerebro parlante que quiere que todo siga como está, ¿no? quiero cambiar. Una actitud positiva te llevará a realizar pequeños cambios, y cada avance te hará aún más emocionado de seguir progresando.

✓ **Acción:** cada vez que actúas en la dirección correcta, tu disciplina se fortalece. Al principio, no es fácil porque hay que superar la inercia. Es como romper una roca gigante que va bajando de una montaña, tienes que frenar y luego empujarla hasta la cima, y una vez que llegas a la cima, comienza a caer en el lado opuesto de la montaña. El comienzo es difícil, pero una vez que logres llevar la roca a la cima de la montaña, harás que la roca ruede a tu favor.

Por ejemplo, si descuidas tu salud y subes unos kilos, se vuelve complicado y desafiante perder ese peso y recuperar tu peso ideal. Pero una vez que alcanza su peso perfecto, es fácil mantenerlo. Cada vez que te enfrentas a una decisión que pone a prueba tu disciplina y eliges el camino correcto, te fortaleces con uno, pero el acto de seleccionar el camino no deseado te debilita en diez. Es más rápido y sencillo destruir que construir.

Digamos que eliges seguir una dieta en la que no puedes comer una galleta; después de un tiempo, si un día caes en la tentación de comer galletas, te dirás a ti mismo, me como una galleta, y ya está. Sabes lo que pasará después de comer uno. Te comerás todo el paquete de galletas.

Aprenda el concepto de 10X para multiplicar sus niveles de acción; la mayoría de las personas subestiman los niveles de actividad y disciplina que necesitan para lograr sus objetivos. **Cuando desarrollas la autodisciplina, te conviertes en tu jefe.**

AUTODISCIPLINA Y LIBERTAD

Hablar de disciplina puede parecer una renuncia a la libertad porque, de alguna manera, nos estamos diciendo a nosotros mismos lo que debemos hacer. Algunos hablan de autodisciplina porque parece un término más suave,

menos marcial, menos militar. Puede que no sea necesario suavizar el proceso de incrementar la autodisciplina, ya que si bien es un esfuerzo duro, vale la pena porque redunda en el logro de nuestros resultados.

Si lo que tienes que hacer no motiva, posiblemente lo que pasa es que no te gusta lo que haces, y ahí tienes un problema más que la autodisciplina, y es que lo que quieres hacer probablemente no esté alineado con el valores que tienen.

Es curioso cómo algunas personas consideran que tener un horario, unas obligaciones, etc ... les hace perder la libertad (la supuesta libertad) que presumen, y por tanto, siguen su camino, hacen lo que teóricamente quieren, cuando quieren y cómo lo quieren.

Bueno, me atrevo a decir que, en realidad, no son libres sino que están dominados por sus emociones. No son capaces de pararse desde su lado racional y decir: "HAGO esto aunque NO ME guste hacerlo".

Este tema puede ser todo lo polémico que queramos, e incluso me atrevería a decir que a veces se puede argumentar en su contra. Uno puede pensar: "El DEBER de hacer algo me es impuesto desde pequeño; no soy el dueño; por lo tanto, romper ese deber me hace libre". Hasta ahora, estoy de acuerdo, tú decides por ti mismo, como dice la frase, lo que quieres y lo que no quieres hacer, pero tal como lo has seleccionado, debes ser FUERTE para seguir tu decisión.

La libertad y la disciplina son opuestas y complementarias porque la libertad sin disciplina es como un país sin defensa. Debe haber conciencia en la mente, amor en el corazón y rectitud en acción. Por tanto, la disciplina es la base para ser libre. El estilo disciplinario establece la calidad de la comunicación y el entorno o clima emocional, determinando la efectividad de las estrategias correctivas utilizadas.

Ningún proceso de aprendizaje es posible sin disciplina. Debe existir un requisito que obligue al principiante a permanecer atento para conocer lo que se le propone y cumplir con los ejercicios que requiere el aprendizaje. La disciplina debe surgir de la libertad porque si la disciplina se basa en la libertad, necesariamente debe ser activa. No conviene considerar disciplinado a un individuo sólo cuando ha sido reducido a la fuerza al silencio o la inmovilidad ya que, en este caso, hablaríamos de una persona aniquilada, no disciplinada.

Llamamos a una persona disciplinada que es dueña de sí misma y, por tanto, puede regular su conducta, cuando sea necesario, para seguir alguna regla de vida.

Sería mejor si tuviera la disciplina para:

- Ser capaz de inventarse a sí mismo, aunque no le resulte más cómodo, debido a su herencia biológica y circunstancias ambientales.

- Adapte el entorno a sus necesidades en lugar de simplemente resignarse al que ya existe.

- Recuperar deficiencias no racionales con apoyo social.

- Romper posibles fatalidades hereditarias a favor de sus propias decisiones.

- Salir de la esclavitud por aquello sin lo que no podríamos vivir.

- Obtenga la voluntad de hacer las cosas necesarias, más allá de simplemente hacer aquello con lo que se divierte.

La ignorancia no suele ser ni siquiera inquietante, mientras que saber poco abre el apetito por ver un poco más, por eso la autodisciplina merece la pena.

Hay dos tipos de indisciplinados: el que puede someterse a una disciplina pero renuncia a ella, y el incapaz, que aunque quisiera someterse a ella, no podría hacerlo. Uno de los tipos tiene libertad de elección; el otro no. Nuestro espacio es más relevante cuanto más son las posibilidades entre las que podemos elegir.

Disciplinarse Por La Libertad

➢ Sea coherente, manteniendo la coherencia a lo largo del tiempo.

➢ Sea coherente, actúe como dice que debe actuar.

➢ Escucha, no interrumpas para dar tu opinión, regañar o sermonear sin tener toda la información, trata de entender más desde la perspectiva de la otra persona, y no solo desde la tuya.

➢ Emitir sus opiniones aclarando que son solo eso, opiniones ya que nadie es dueño de la verdad absoluta.

➢ Clarifica los valores prioritarios de tu vida y las reglas que se derivan de ella.

➢ No intente corregir según el estado de ánimo del día o el momento; si has decidido no permitirte algo, no te rindas porque tienes razón, así como si has decidido permitirte algo, no te lo prohíbas, solo porque te equivocas.

➢ Refuerza más aquello en lo que eres experto para que seas mejor. Si refuerza aquello en lo que no es bueno, todo aquello en lo que sobresale perderá valor.

➢ Sea paciente para hacer las cosas a su manera y no como alguien más espera que las haga.

➢ Respete sus tiempos de aprendizaje y velocidad de respuesta, incluso si están por debajo o por encima de los de otro.

➢ Respeta siempre tu dignidad ya que debes tener dignidad propia para merecer ser tratado con respeto y amor, y así tener autoestima.

Muestre su afecto, expresándose con claridad, mostrando a los demás que los ama incondicionalmente. No dejes que intenten chantajearte o hacerte sentir culpable. La culpa solo produce arrepentimiento pero no genera comportamientos para un cambio constructivo. La responsabilidad no debe confundirse con la culpa, ya que el compromiso genera respuestas para un cambio constructivo.

En general, nadie quiere aprender de un puesto libre, que le resulta difícil de asimilar y que le quita el preciado tiempo que desea dedicar a su ocio. Sin embargo, hay muchos temas que aprender que aumentan su libertad. Cuando hay verdadera libertad para pensar y descubrir, uno es libre cuando puede llegar a saber algo.

Es esencial examinar, no solo aceptar, todos los valores creados por la tradición, ni todas las cosas que la gente ha dicho que son útiles, beneficiosas y valiosas. La persona disciplinada no es la que obedece al jefe, sino la que subordina sus acciones diarias a un principio no inmediato, a sus metas y objetivos, lo que implica la implementación de la visión, en el mediano y largo plazo, para lograr Lo que quieras. La disciplina es fundamental para tener lo que quieres. La libertad no se pierde por la disciplina; al contrario, la independencia se gana porque haces lo que tienes que hacer con disciplina y obtienes lo que quieres.

En definitiva, disciplinarse a sí mismo es volverse independiente y libre. Quienes no siguen una disciplina pueden seguir las órdenes de otros, por lo que pueden estar realizando actividades inútiles y dañinas mientras pasa el tiempo, y no logran alcanzar sus deseos.

CAPÍTULO 4

DESARROLLAR DUREZA MENTAL

¿Qué es la tenacidad mental?

La tenacidad mental requiere que tengas un equilibrio entre el pensamiento racional y el manejo de tus emociones. Es hacer que estos dos trabajen juntos para que pueda tomar mejores decisiones que guíen su comportamiento. Cuando tienes fortaleza mental, puedes regular tus emociones, manejar tu forma de pensar y comportarte de manera positiva, sin importar en qué circunstancias te encuentres.

Estar mentalmente sano es desarrollar conciencia sobre lo que está pensando y lo que siente; esto es realmente de lo que se trata la atención plena o la práctica de la atención plena. Se trata más de responder de manera adecuada y equilibrada que de reaccionar a las circunstancias o al comportamiento de las personas que te rodean.

Cuando piensas o dices: "No puedo evitar sentirme así" o "Soy así y no puedo cambiar", es simplemente dejarse llevar por el comportamiento aprendido y no intentar cambiarlo. Tratar de cambiarlo y mejorar continuamente es estar mentalmente sano.

Desarrollar la fortaleza mental requiere encontrar el coraje para vivir de acuerdo con sus valores y ser lo suficientemente audaz para crear su definición de éxito.

La tenacidad mental no se trata solo de tener fuerza de voluntad; requiere una decisión de invertir en su desarrollo y comprometerse a lograrlo. Es el acto de establecer hábitos saludables, tanto mental como físicamente, y elegir dedicar tiempo y energía a su desempeño.

Fuerza Mental Como Garante De Tu Éxito

Si quieres vivir la vida que sueñas, si quieres lograr una meta, debes entender la importancia de desarrollar tu mente sin importar lo difícil que sea. De lo contrario, serás como millones de personas  que vuelan de un lugar a otro como un zombi, sin un significado real que aportar a sus vidas.

La tenacidad mental permite a un atleta terminar la carrera incluso cuando todas las probabilidades están en su contra. Contrariamente a la creencia popular, la fuerza física ya no es el único factor de éxito.

EL PODER DE LA MENTE

Si la ciencia y la medicina del pasado se centraron

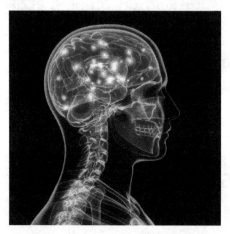

solo en el asunto, en las últimas décadas han dado cada vez más importancia al misterioso poder de la mente.

En su libro "el cuerpo cuántico", Deepak Chopra, médico y pensador nos

dice que la mente tiene un poder curativo sobre el cuerpo. ¿Cómo explicar que dependiendo de la postura del médico, el paciente reacciona de manera diferente a la enfermedad? ¿Cómo podemos explicar que el estrés psicológico afecta tanto a nuestro sistema inmunológico? ¿Por qué nuestros pensamientos negativos pueden alterar nuestros circuitos neuronales? El psiquiatra parisino Patrick Clervoy está de acuerdo con Deepak Chopra al afirmar que: "el componente psicológico es un poderoso motor de curación". Los estudios llevados a cabo por muchos científicos han demostrado hasta qué punto la mente y lo psíquico predominan sobre el cuerpo físico.

Entonces, comenzar por desarrollar la fuerza mental parece la estrategia correcta para aumentar su fuerza diez veces y lograr una meta. Suponga que desea unirse a estas miles de personalidades exitosas, como JK Rowling, Winston Churchill, Albert Einstein, Michael Jordan y muchos más. En tal caso, todo lo que necesita hacer es aprender las técnicas necesarias para desarrollar su mente.

¿Cómo Adquirir Una Mente De Acero?

1. **Ve la fuerza mental como un músculo:** Al igual que el atleta que entrena para desarrollar fuerza física, la fuerza mental es como un músculo que necesita ser estimulado todo el tiempo. ¿Crees que el culturista tiene posibilidades de ganar la competición si no trabaja sus músculos a diario? Lo mismo ocurre con tu mente. Todas las personas exitosas que existen o han existido tienen una fuerza mental inquebrantable. Esta fuerza les permite soportar cualquier terrible experiencia. Estas personas entendieron que nada podría tener éxito para ellos sin una mente sustancial a largo plazo.

2. **Tener el entorno adecuado:** Tener un buen ambiente es una de las primeras claves del éxito. Nos percibimos a nosotros mismos a través de los ojos del otro. Una mirada benévola puede dar alas cuando una mirada acusadora y maliciosa puede aislarle de toda motivación.

3. **La pediatra Catherine Gueguen nos dice que:** "cualquier interacción armoniosa, un ambiente cálido, una conversación agradable, un placer compartido provoca la secreción de oxitocina". Así, estar en el entorno adecuado con relaciones armoniosas permitiría la secreción de la hormona de la felicidad y el bienestar. Hormona esencial para desarrollar la fuerza mental.

4. **Ordenar reseñas:** Para tener una mente de acero, las críticas deben desaparecer de tu piel. Ten cuidado; debe diferenciar la crítica constructiva de la crítica no constructiva. Para que puedas escuchar a alguien que te dé consejos reales sobre cómo mejorarte, pero debes evitar a las personas que solo están ahí para desanimarte y evitar que logres tus metas.

5. Aprender a conocerse: Para hacer frente a críticas y dudas infundadas, es fundamental conocerse a sí mismo. Esto incluye conocer sus fortalezas, pero también sus debilidades. Los que triunfan no son personas sin defectos, sino los que los han reconocido para superarlos mejor.

Es común que las personas que no se conocen se den por vencidas rápidamente porque no entienden qué los impulsa. Mucha gente no conoce el sentido de su vida y acaba dando vueltas. Perdemos demasiados años navegando en el vacío debido a una profunda ignorancia de nosotros mismos. ¿Cómo llegar a conocernos? El escritor André Gilde nos da la respuesta de una manera sencilla: "la mejor manera de conocerse a uno mismo es intentar comprender a los demás". Podemos llegar a conocernos a través de los ojos del otro.

6. Recupera el control: No tener control sobre su vida nos hace sentir incómodos. La mayoría de las personas ceden su poder a otros: a su familia, a su jefe, a sus amigos, cónyuges o incluso a los políticos. Esperamos que otros decidan nuestro futuro por nosotros.

Para tener una mente inmejorable, debes recuperar el poder sobre tu propia vida. Determinar quién es usted o en quién quiere convertirse puede tener un impacto significativo en el proceso. Para tomar las riendas de su vida y desarrollar su fortaleza mental, debe estar en el orden de su vida por su cuenta y decidir qué es lo correcto para usted. No dejes que otros te digan quién eres y qué hacer con tu vida.

7. **Ver los fracasos como oportunidades:** el ajedrez solo existe para personas que no tienen la fuerza mental necesaria. Las personas exitosas son optimistas y toman el fracaso como una oportunidad para aprender. Las personas que han logrado sus objetivos se han enfrentado a un camino difícil. Pocas personas llegan a su destino sin haber experimentado una o más fallas notables. El problema no es un fracaso, sino nuestra reacción a la pérdida. Entonces, para las personalidades con una mente sana, ¡el fracaso no existe en sí mismo!

8. **Acepta las dificultades:** Si tienes la fortaleza mental, los problemas, como los reveses, no deberían asustarte. Nunca es fácil alcanzar una meta y creer en ella hasta el final. Uno de los principales componentes de la fortaleza mental es el coraje. Sería útil si se enfrentara a las dificultades con valentía y no dudara de sí mismo ni

de los méritos de su proyecto. La tenacidad mental te ayudará a superar la adversidad.

9. **Sea claro con usted mismo:** Una de las principales razones del fracaso es que las personas se confunden consigo mismas. Antes de comenzar un proyecto, debes preguntarte por qué y por qué. ¿Por qué quieres hacer este proyecto? ¿Por qué tienes ese objetivo? Saber el por qué te da un propósito y una dirección para llegar allí. De lo contrario, corre el riesgo de estancarse y dar vueltas.

10. **Tener un objetivo con regularidad:** Para mantener un objetivo a largo plazo con suficiente fuerza mental, es necesario ser regular y trabajar en su proyecto todos los días. La falta de coherencia puede influir significativamente en sus resultados. ¿Crees que puedes perder 15 kg haciendo deporte una vez al mes? No ser regular promueve la pérdida de motivación y, en última instancia, el abandono.

11. **Elimine los pensamientos negativos:** ¿Cómo desea lograr su objetivo si es propenso a tener opiniones negativas de todo tipo? Los pensamientos negativos paralizan más de lo que construyen. Por eso debes ser capaz de

transformar tus pensamientos negativos en constructivos y realistas.

12. **Poner el éxito de los demás antes que el suyo:** si su objetivo depende de una o más personas, lo mejor para usted es concentrarse en ellos antes que en usted mismo. Comprender el valor de proponer a otros es esencial para su éxito. Vivimos en una época en la que reina el individualismo. Donde todos luchan por sí mismos, a menudo en detrimento de los demás. Y, sin embargo, es fundamental comprender nuestra interdependencia a escala colectiva. En un equipo, ninguno de los miembros del equipo puede tener éxito si uno de los miembros se estanca. Sería útil que avanzaran juntos. Es imposible que una persona sea feliz en una relación si su pareja no lo es. Te será imposible llegar al final de tu objetivo si no elevas a los que te rodean hasta la cima. Ayudar a otros a tener éxito te construye una mente capaz de impulsarte para tus proyectos.

13. **Segmente sus objetivos:** muchas personas establecen metas que son demasiado grandes de repente. La ambición no es mala en sí misma, pero las metas demasiado grandes a corto plazo a veces pueden ser desmoralizantes o incluso paralizantes.

Este tipo de sentimiento no conduce a una buena salud mental. Sería útil tener en cuenta su plan pero segmentarlo en objetivos más pequeños. Esto parecerá más fácil de lograr y mantendrá su motivación a largo plazo.

En conclusión

La fuerza mental es como un músculo que crece a través del ejercicio estratégico y regular. Puede aprender estas habilidades al comprender primero la importancia de desarrollar su mente hoy.

Para emprender este camino y lograr la fuerza de las personalidades exitosas, debe ganar confianza en sí mismo y recuperar la autoestima rechazando las críticas destructivas y el control de los demás sobre su vida. La posibilidad del poder mental está cerca de las perspectivas de la diligencia, el valor mental y la determinación. Creas solidez mental al continuar y soportar las obstrucciones que experimentas en tu vida. La fuerza mental no es algo que crezca por el momento; se desarrolla a través de las propensiones que usted hace al colocarse siempre en circunstancias problemáticas y obstáculos pasajeros. Verá muchos juegos y ejercicios registrados en este resumen; Los deportes y las dificultades físicas son enfoques extraordinarios para probar y crear fuerza mental porque el cansancio físico debilita el cerebro. No hay nada que ponga a prueba tu durabilidad psicológica, como el tormento físico y la debilidad.

Con estos planes maestros podrás pasar por las pruebas y posibles fallos con éxito y podrás recuperar el control de tu vida interior para lograr el éxito de tus proyectos.

Y recuerde, se trata de disciplina.

La disciplina es la consigna de los grandes campeones. Es una disciplina que marca la diferencia entre la mediocridad y el éxito. Es la capacidad de mantener el rumbo y cumplir las promesas que se hizo a sí mismo. Es tu disciplina la que te empuja a superar el dolor y el sufrimiento. Demasiadas personas ven la disciplina como una tarea que debe evitarse a toda costa. Los campeones, por otro lado, lo ven como la herramienta definitiva para lograr sus objetivos.

CAPÍTULO 5

CONSTRUYENDO MOTIVACIÓN

 La palabra "motivación" deriva del latín motivus o Motus, que significa "causa del movimiento", que nos inspira a movernos. Por tanto, la motivación tiene que ver con las emociones, con el estado emocional que activa, dirige y mantiene nuestro comportamiento.

Pero no todos somos iguales; cada persona es diferente. A algunas personas les resulta fácil motivarse para luchar por sus objetivos, mientras que para otras, su mayor motivación es no cambiar nada. Cada persona tiene sus razones. Uno de los autores más estudiados sobre motivación, Maslow, clasifica cinco categorías de necesidades humanas e insistió en que a medida que se satisfacen las necesidades más básicas, los seres humanos desarrollan necesidades y deseos superiores (de menor a mayor nivel, estas son las necesidades: fisiológicas, de seguridad). , amor y pertenencia, estima y autorrealización). Queremos lo que no tenemos; algunos están más preocupados por obtener lo que no tienen que por quedarse con lo que ya tienen.

La motivación es dinámica; aumenta y disminuye según los eventos que suceden a diario, minuto a minuto. A todos nos habrá pasado que hay días en los que parece que estamos desbordados de energía y otros en los que nos cuesta dar un paso.

Maneras De Desarrollar Su Motivación

1. **Identifica Tu Motivación:** Escuche a los oradores motivadores. Muchos de ellos. El único problema es que la gente piensa que es la única forma de motivarse "realmente bien". ¿Qué pasa entonces? Dedican mucho tiempo a escuchar y escuchar, "motivándose lo suficiente" para empezar a trabajar.

   Aquí hay un enfoque diferente: identifique su motivación. Piense en las ocasiones en las que algo le hizo querer trabajar; esa es su motivación. Si ninguno le viene a la mente, intente estilizar algo, o alguien, o en algún lugar, un pensamiento, una palabra o una expresión que alguien haga y que le dé vida a esa parte de usted. Quién quiere trabajar y has encontrado tu motivación.

2. **Hazlo:** Uno de los mejores consejos que he escuchado en mi vida es que no sientes, sino que

te sientes a ti mismo. "Mucha gente simplemente espera cuando" tiene ganas "de hacer las cosas, pero ese es el enfoque equivocado - hacer que su vida dependa de cómo se sienta todo el tiempo - hacer que su vida dependa de algo tan poco confiable como sus emociones que no lo son constante en absoluto.

No se vuelva adicto a la "motivación". No se vuelva adicto a su orador motivacional favorito. No se vuelva adicto a la inspiración del exterior que le paraliza por dentro cuando no la obtiene. En cambio, intente trabajar incluso si no tiene ganas. Sí, no será fácil, pero es una forma segura de lograr más éxito en su campo.

3. **Sigue aprendiendo:** Debería adquirir el hábito de leer un libro de negocios todas las mañanas. Notarás que cuando haces esto, tu mente se renueva y se concentra en ese día con claridad. Por supuesto, esto se debe a que realmente te interesa el negocio. Adquiera el hábito de aprender regularmente cosas nuevas en su nicho y no se detenga.

El aprendizaje tiene una manera de mantener nuestra mente enfocada en lo que nos importa, y eso a menudo sirve como motivación cuando recuerdas una frase, historia o algo que provocó algo en ti.

No hay aprendizaje sin motivación y no hay motivación sin aprendizaje. La motivación y el aprendizaje están estrechamente vinculados, hasta el punto de formar uno. Lo que es cierto en una situación escolar o en los estudios tradicionales es aún más cierto para los dispositivos de aprendizaje a distancia del tipo e-learning.

Por tanto, es fundamental abordar la motivación en conexión con una herramienta de aprendizaje online como BetterStudy, porque "no hay aprendizaje posible sin movilización, implicación, más o menos compromiso" en una actividad de aprendizaje cognitivo, emocional y conductual.

Además, si no hay aprendizaje, tampoco puede haber motivación. Por tanto, el aprendizaje y la motivación se refuerzan mutuamente.

Hay dos posiciones extremadamente opuestas que afirman que la motivación deriva su fuente o del individuo, es decir su personalidad, sus conocimientos previos, su historia personal, los antecedentes familiares y socioculturales, etc., o de factores externos como como situación de aprendizaje, las elecciones del profesor.

No obstante, a mediados de la década de 1960 surgió un tercer punto de vista, comúnmente denominado "paradigma social-cognitivo". Este último sostiene que la motivación proviene de representaciones en el alumno (el alumno o el aprendiz) que son ante todo "la percepción de que el esfuerzo invertido en la tarea conducirá a su éxito (expectativa)" p. 236, entonces, "la percepción del éxito de la tarea permitirá alcanzar el objetivo buscado por el alumno (instrumentalidad)" y finalmente "el valor y la importancia que se le da al objetivo en cuestión (valor)".

Esta tercera vía se basa en tres postulados que difieren de los dos puntos de vista extremos mencionados anteriormente. El primer postulado se refiere a las "representaciones motivacionales", es decir, las representaciones mentales construidas por el alumno en la situación de aprendizaje (representaciones de sí mismo, de la tarea y de la situación).

En segundo lugar, consideramos "estas representaciones motivacionales" como "situadas", es decir, dependientes de la situación de aprendizaje específica en la que se encuentra el alumno y no como "disposicionales", es decir, dependientes de la situación de aprendizaje. personalidad del sujeto.

Finalmente, estas "representaciones motivacionales" del alumno se construyen a partir de interacciones entre factores internos (vida y curso escolar, entorno familiar y sociocultural, metas y proyectos personales, concepciones de aprendizaje, disposiciones psicológicas, etc.) que emanan del individuo y factores externos (el grado de dificultad de la tarea, su grado de controlabilidad, el clima de clase más o menos competitivo o cooperativo, autonomía o control externo, etc.) provenientes de la situación y contexto.

4. **Conoce a otras personas:** Te quedas donde te desafías a ti mismo. Salga, vea lo que hacen los demás y asegúrese de intercambiar ideas. A menudo encontrará que no sabe lo suficiente y que hay más que aprender de lo que ya sabe.

   Mucha gente ya está haciendo cosas buenas que usted necesita saber. Debido a que nuestros pequeños mundos nos envuelven, no logramos tender la mano, no nos conectamos y nos hace sentir cómodos estando donde estamos, lo que resulta en un estancamiento.

¡Aumentar su nivel de motivación y disciplina no es un juego de niños! Es difícil, y solo los tipos duros ceder y conseguirlo todo. Asegúrese de aprender a cumplir con sus decisiones, incluso si no lo desea. Sin duda será difícil, y necesitarás la motivación para completar tareas específicas, pero aprende a hacer cosas incluso si no te apetece, y volarás más allá de alturas que nunca imaginaste posibles.

Motivación intrínseca y extrínseca

Más recientemente, a partir de la década de 2000, han surgido nuevas teorías. Por lo tanto, se cree que la motivación se crea solo si el alumno percibe un valor en la tarea que emprende y se siente capaz de tener éxito en dicha tarea. El alumno puede valorar la tarea por su interés intrínseco o extrínseco.

La motivación es la fuente de lo que hace que un alumno se embarque en una tarea que no es "recompensada", por ejemplo, por un sistema de calificaciones. Sin embargo, la motivación se puede dividir en motivación intrínseca y motivación extrínseca.

La motivación intrínseca es el hecho de querer realizar una actividad por simple placer personal sin esperar ningún retorno, salvo el placer de ejercer la actividad por sí mismo como tal.

La motivación extrínseca, a su vez, se da cuando un sujeto realiza una actividad con el fin de obtener algo a cambio, como una nota u otra forma de recompensa (dinero, felicitaciones a la autoridad paterna, familiar o escolar). Además, es interesante subrayar que la motivación se reduce cuando una motivación intrínseca está sujeta a una restricción o un control externo, como por ejemplo el hecho de calificar a los alumnos para un trabajo.

FORMAS DE MANTENERSE MOTIVADA A LARGO PLAZO

Una vez que tenemos una meta o un sueño, se trata de hacerlo realidad y compartirlo en nuestro entorno. A veces los planes de los demás van en contra de los nuestros o, por el contrario, en la misma dirección.

➢ ¿Cómo mantenerse motivado y decidido a largo plazo?

➢ ¿Cómo podemos seguir hacia nuestros objetivos a pesar de los caprichos?

1. Determinación: Resiliencia Y Aceptación Del Fracaso

La psicopatología de los emprendedores ha destacado uno de sus rasgos de carácter recurrentes: la tolerancia al fracaso. De hecho, los emprendedores exitosos tienen una capacidad más notable para transformar sus fracasos en oportunidades y, por tanto, adaptarse a los caprichos de la vida. En consecuencia, tienen un grado de aceptación más sustancial y una resiliencia superior al promedio para enfrentar las pruebas de la vida y avanzar hacia sus metas.

Es interesante observar el recorrido de figuras públicas como Steve Jobs, Sylvester Stallone, Arnold Schwarzenegger o Mickael Jordan para comprender cómo las dificultades en un viaje se pueden transformar en fortalezas. Las personas llevadas por sus sueños están más motivadas porque su motivación intrínseca las impulsa. Esta motivación decidida y resistente se ejemplifica con la frase atribuida a Thomas Edison en su milésimo intento de crear una bombilla:

"No me he perdido 1000 veces, he encontrado mil formas de no encender una bombilla. "- Thomas Edison.

Asimismo, un niño pequeño necesita un promedio de dos mil intentos para ponerse de pie. Sin embargo, a través de su cultura del miedo al fracaso, parece que la sociedad francesa a veces hace que los adultos abandonen sus sueños en favor de una realidad que no siempre les corresponde. Esta tenacidad y la voluntad de continuar a pesar de los contratiempos permiten, como el capitán de un barco, seguir el rumbo de sus sueños. Una vez que acepta el fracaso como una oportunidad para aprender y mejorar, se convierte en una forma de progresar en cualquier disciplina.

2. Coraje, Intención Y Técnica

Para captar la motivación y el progreso en similares, un individuo también debe progresar en tres puntos en el siguiente orden:

a. **Coraje:** El que actúa a pesar del miedo y actúa. No hay progreso; el coachee debe ante todo nutrirse de sus experiencias. Por el contrario, otros preparan toda su vida sin actuar porque no se atreven a superar su miedo.

b. **El poder:** Cuando hablamos de energía, hablamos de intención. "¿Crees en lo que estás haciendo? "," ¿Quieres tener éxito? "Si no creemos en nosotros mismos, la fuerza liberada para lograr nuestros sueños no es lo suficientemente fuerte, o peor aún, corremos el riesgo de autosabotaje. Por lo tanto, es aconsejable estar decididos a tener éxito porque mientras pensemos "no merecemos nuestro éxito", el poder de nuestro pensamiento será demasiado débil. Entonces tenemos miedo al éxito.

c. **La técnica:** La técnica incluye todas las diferentes formas de hacer las cosas. Cuantos más métodos tengamos, más adaptables seremos en diferentes situaciones. Asimismo, cuanto más practicamos una técnica, más poderosa se vuelve. La idea es practicar tu técnica y mejorarla por etapas según tu nivel actual.

3. Para Mejorar

Por tanto, es recomendable establecer objetivos alcanzables, ligeramente por encima de nuestras capacidades actuales, para aumentar la dificultad y aumentar la agilidad de forma paulatina.

Finalmente, cuantos más resultados tenemos, más aumenta nuestra confianza. Y cuanto más aumenta nuestra confianza, más inclinados estaremos a actuar, asumir riesgos y, potencialmente, ganar confianza en nosotros mismos. La resistencia al fracaso le permite aprender de su experiencia y mejorar. Así es como conocemos un nuevo comportamiento, una nueva habilidad.

De manera más amplia, ahora exploraremos:

El equilibrio entre la energía gastada y el resultado obtenido.

La sociedad moderna empuja al ser humano a vivir en un instante y en el corto plazo, y cada vez se siente más atraído por la primera fase del descubrimiento de una actividad. Cuando a veces obtenemos resultados rápidamente, esta fase de descubrimiento es como la llamada "suerte del principiante", la etapa más motivadora. Podemos volvernos adictos al pico de energía causado por una nueva actividad.

También es frecuente que muchos coachees se vuelvan adictos a las descargas de adrenalina causadas por nuevos proyectos sin siquiera someterse a la disciplina necesaria para profundizar en ellos. Estamos, pues, entrando en un debate entre cantidad y calidad. ¿Es mejor hacer muchos proyectos jugando con la ley de los números o encontrar un proyecto motivador que nos guste y perseveremos?

Propongo la idea de un equilibrio entre los dos: disciplinarse para triunfar, pero manteniendo el entusiasmo del descubrimiento. Se trata de continuar entrenando y progresando, esforzándose cada vez por aprender de sus errores y estableciendo nuevos objetivos que sean más ambiciosos en comparación con nuestras capacidades actuales.

4. Ambición A Largo Plazo

Sin suficiente ambición, el entusiasmo desaparece. Sin disciplina, la experiencia nunca surge. Después de varios meses de hacer cosas para lograr sus objetivos, muchas personas no obtienen los resultados que desean.

De hecho, se necesita en promedio un año de práctica para alcanzar el nivel correcto en cualquier campo y cinco años para desarrollar la experiencia. El entusiasmo del descubrimiento refuerza el avance inicial debido al coraje y al poder de su intención.

Sin embargo, el entusiasmo puede desvanecerse rápidamente y dar paso al desánimo si las frustraciones asociadas con los intentos fallidos no se manejan adecuadamente. Aquí es donde empieza a llegar el interés por la disciplina y la persecución a largo plazo de nuestro sueño cuando la relación entre la energía gastada y el resultado obtenido mejora y equilibra. A medida que pasamos por nuestras experiencias, entendemos qué funciona para nosotros y qué no. Aprendemos tanto mejor cuanto más nos conocemos al mismo tiempo. De esta manera maximizamos el valor agregado de nuestros esfuerzos y minimizamos el tiempo perdido para alcanzar nuestro objetivo.

5. Mantente Motivado

Un problema recurrente es alcanzar sus metas demasiado rápido (si son fáciles de lograr) y estar satisfecho con ellas. Entonces es posible que el coachee detenga su actividad, pierda sus nuevos hábitos y retome los viejos. Cuanto más detengamos un proyecto, más difícil será reiniciarlo.

Por ejemplo, entre los coachees, algunos de ellos han elegido un trabajo predeterminado y no pueden encontrar la motivación suficiente para cambiar:

"Eres el único empleador que amablemente estuvo de acuerdo conmigo ...",

"Fue la primera empresa que dijo que sí ...".

Una vez que hayas alcanzado tu objetivo, debes considerar uno nuevo y más ambicioso para mantenerte en un proceso motivador de progreso. En consecuencia, es aconsejable aprender a vivir de sus éxitos y desarrollar metas nuevas y más motivadoras.

6. Superarse A Uno Mismo

Los enemigos de la disciplina son la pereza y la dispersión, para superar la desafiante etapa del desánimo:

- Divida su meta a largo plazo en metas pequeñas y fáciles de lograr a corto plazo. Si el objetivo es "cambiar de trabajo", podemos empezar definiéndolo como un primer paso, que es "prospectar tres veces por semana". Además, con cada microobjetivo logrado, nos premiamos.

- Defina una meta clara, medible y con un límite de tiempo utilizando el método SMART (específico, medible, alcanzable, relevante y oportuno).
- Mantén el ritmo y la regularidad: realiza una acción al día hacia tu sueño. La fuerza de los rituales es crucial en el éxito de un proyecto para anclar nuevos hábitos.

Aquí hay algunos consejos para mantener su motivación vinculada a nuestras relaciones interpersonales y nuestro entorno:

➢ Encontrar aliados que sigan la misma aventura y estén motivados por nuestro objetivo. Elija un compañero que esté aproximadamente al mismo nivel que usted, o incluso un poco más vital, para progresar con él (ella).

➢ Por último, podemos ponernos en contacto con una persona que ya ha logrado el objetivo que queremos lograr; ver a alguien que ha pasado por la etapa que nos está bloqueando y hablar con él puede hacernos entender cómo lo hizo y tener otra visión. de lo que es posible. El coachee se dice a sí mismo: "Si lo hizo, ¿por qué no yo?" Y esto le permitirá cuestionar su sistema de creencias.

➢ Enfoque su objetivo en acciones que dependan solo de nosotros y no de otros. Depende de usted solicitar un nuevo trabajo, si nuestra solicitud es aceptada depende de otros.

"No puedes cambiar a otras personas, pero puedes cambiar la relación que tienes con ellas. ".

➢ Se trata de desarrollar un sentido de responsabilidad y compromiso personal con lo que podemos controlar y dejar lo que no podemos controlar. Esto se aplica tanto a la relación con el otro como a nuestras metas personales.

Otro factor tan paradójico como capital en el control de tus pensamientos es saber aceptarlos sin juzgarlos ni controlarlos. De hecho, separarse del resultado para estar en el proceso conduce automáticamente a un mejor abandono.

El escritor Robert Louis Stevenson escribe: "Lo importante no es el destino, sino el viaje en sí. "

Claves Para Mantener La Motivación Diaria

Mantener la motivación no es una cuestión de disciplina sino de hábito, y es mantenerse enfocado en su objetivo. ¡Pon en práctica una de estas claves o combínalas, y tendrás la motivación necesaria para todas tus actividades!

1. Escribir un diario puede ser un gran motivador: un diario en el que se registrará lo que ha logrado y sus pensamientos, errores y lo que sintió. Para ser constante en este ejercicio, tome nota inmediatamente después de lograr su objetivo del día. Haga que escribir un diario sea divertido.

2. Visualice sus objetivos diarios durante 5 a 10 minutos: Vea los resultados en detalle. Cierra los ojos y piensa en los detalles más pequeños cuando hayas alcanzado tu objetivo. ¿Que ves? ¿Qué quieres decir? ¿Qué sientes? La clave del éxito aquí radica en ejercitar esta práctica a diario. Ésta es la única forma de mantener la motivación.

3. Escriba su objetivo: Escribe razones poderosas, en blanco y negro. Medite regularmente sobre sus metas y las razones que lo empujan a cumplirlas (para sus hijos, para su ser querido). Cualesquiera que sean las razones, busque la razón superior que pueda trascenderle. ¿Podrías escribirlo?

4. Toma un entrenador: Invertir en un entrenador lo ayudará a mantener intacta su motivación, hacer un balance, decidir las acciones futuras a tomar y tener criterios relevantes para juzgar el progreso de su objetivo. Un ojo externo es la mejor garantía de su éxito y puede prestarse a todos los objetivos personales o profesionales.

5. Encuentra tu inspiración: La inspiración es una de las mejores herramientas para mantener la motivación. Las fuentes de inspiración pueden ser varias: blogs, foros, reuniones, libros, revistas, citas de autores famosos, música, fotos.

6. Recompénsese con frecuencia: y no solo por los objetivos a largo plazo. Haga una lista de sus sueños, escriba una recompensa apropiada delante de ellos, por "apropiado" quiero decir proporcional al tamaño de la meta (no se recompense por correr 10k en un crucero por el Caribe), y no una recompensa eso va en contra (si intenta perder peso, no se recompense comiendo un menú alto en calorías).

7. Fíjese mini-metas: No te comes un elefante de una vez. Los objetivos importantes a lo largo del tiempo pueden confundir a más de uno. Después de dos semanas, puede perder la motivación con respecto a los esfuerzos que quedan por realizar durante los próximos meses. Solución: divida el objetivo principal en una serie de mini-objetivos.

8. Dale tiempo al tiempo: Es más fácil decirlo que hacerlo… El problema es que queremos resultados rápidos. No espere correr un maratón de la noche a la mañana o convertirse en el mejor vendedor del equipo en un abrir y cerrar de ojos. Se paciente; la clave es la coherencia: conviértase en su primer objetivo de perseverar.

9. Hágalo divertido: una de las razones por las que retrasamos la actividad es que la asociamos con algo difícil. Puede que sea preciso, pero la clave es hacerlo divertido o incluso divertido. Si esta actividad se ve como una recompensa, su motivación seguirá siendo alta.

10. Hazlo: hay días en los que no sientes la energía suficiente para hacer lo que te propusiste (por ejemplo, salir a hacer ejercicio). En este caso, en lugar de pensar en lo difícil que va a ser, dite a ti mismo que tienes que empezar la actividad sin pensar. Comience con la acción más pequeña (póngase las zapatillas y átese los cordones). Una vez activado, su subconsciente tendrá dificultades para revertir y descubrirá que no será tan difícil.

11. Asocie a un socio con su éxito: Mantenerse motivado por sí mismo sigue siendo un desafío. Encuentre un socio con objetivos similares (deportes, objetivos económicos, etc.). Puntos uniformemente para animarse mutuamente

12. Visualiza tu objetivo: Escríbalo en una imagen que pueda ver todos los días en su escritorio, espejo de baño, refrigerador, fondo de pantalla en su PC. Escribe tu meta todos los días

13. No te quedes solo; únase a un grupo con el que pueda concentrarse en sus objetivos: Regístrese en foros, únase o cree un grupo localmente. Tendrás la oportunidad de debatir, desarrollar enlaces, recibir consejos, sugerencias ...

14. Reprime tu entusiasmo: Cuando establezca una nueva meta, espere. Comprométete solo al 50% de lo que quieres hacer. Y aumente gradualmente su nivel de exigencia.

15. Registre su progreso para cada una de sus metas: Crea una tabla y monitorea tu progreso regularmente marcando una cruz delante de tus metas. Mantén tu esfuerzo aunque no seas regular en el seguimiento porque, inevitablemente, tendrás días sin.

CAPÍTULO 6

MOTVACIÓN Y DISCIPLINA

La motivación solo existe como nombre. Pero la disciplina tiene forma verbal. En pocas palabras, la disciplina es algo que haces y eliges hacer; la provocación puede ir y venir que no puedes elegir hacer o controlar.

Además: nunca estás "motivado" para ser más disciplinado. La disciplina es inútil si no está relacionada con las acciones con las que quieres ser disciplinado.

Definir a una persona "disciplinada" como un rasgo de personalidad general es una descripción débil, en mi opinión, porque incluso la persona más crónica tiene algo que no incluye en sus comportamientos diarios.

No importa lo disciplinado que sea en mis hábitos alimenticios si quiero empezar a practicar el violonchelo todos los días. Es un hábito nuevo y debemos tratarlo como tal.

Entonces, cuando busque hacer una diferencia en su vida:

Deje que la motivación le inspire, pero no espere que se quede.

- Concéntrese en desarrollar una acción disciplinada en torno a algo nuevo.

- Sea específico sobre cómo se verá la "disciplina" para su objetivo particular.

Sería mejor si tuvieras la motivación y la disciplina como una combinación perfecta.

Estos son hallazgos nuevos y emocionantes. La autodisciplina siempre se ha considerado previamente como una herramienta para motivarse más. Ahora, vemos que una fuerte autodisciplina influye en cuán motivados estamos.

Somos más propensos a estirarnos si nos impulsa una motivación extrínseca. Mostrar moderación y ser disciplinado puede ser más agotador si los factores externos alimentan la motivación. Esto aumentaría el riesgo de terminar sintiéndose agotado y quemado. Si nos impulsa la motivación intrínseca, es más fácil resistir las cosas que afectan negativamente nuestro horario diario. De esta manera, mantenemos sus actividades bajo control.

De forma derivada, la motivación es lo que se necesita para ponerse en marcha. Pero se requiere disciplina para mantener el rumbo. En resumen, ¡necesita ambos factores para tener éxito!

ENFOQUE Y CONCENTRACIÓN

¿QUÉ ES FOCUS?

El enfoque es estar presente y ser consciente de lo que está haciendo. Ser consciente de la actividad o tarea que estamos desarrollando en ese preciso momento, sin distracciones ni pensamientos dispersos que interfieran en su desempeño.

El enfoque y la concentración son la capacidad de prestar atención, y por tanto, nuestra actividad, trabajo o estudio, son de calidad. Si perdemos la concentración durante la realización de una tarea o actividad, si perdemos la concentración, lo más probable es que nos equivoquemos. Lo que es peor, se estima que la mente humana necesita alrededor de 10 minutos para recuperar el estado de concentración anterior. ¿Te lo imaginas? ¿Te imaginas que para dos

descansos de 5 minutos, necesitas 20 minutos para recuperar tu enfoque y concentración?

Desafortunadamente, no siempre podemos lograr un estado suficiente de enfoque y concentración; nuestro entorno es agresivo, bullicioso, con múltiples distracciones provocadas por otros o por nosotros mismos. Con las interrupciones acústicas, un entorno hostil nos hará muy difícil lograr el enfoque y la concentración deseados.

¿Qué significa tener y mantener el enfoque?

La falta de enfoque nos afecta en los más variados ámbitos de la vida. Sin dirección ni enfoque, comenzamos a perder el control de nuestras tareas diarias, que siempre dejamos atrás y para después.

Esta pérdida de control puede terminar invadiendo áreas más grandes, como la falta de enfoque en la organización de las finanzas personales.

Cuando decimos que es necesario concentrarse, nos referimos a ir en la dirección de una meta y organizar y hacer una buena planificación para entender qué necesitamos para lograr lo que queremos. Antes de comenzar a trabajar en su mejora, es necesario evaluar dónde está tu enfoque mental.

¿No puede ignorar las distracciones y perder rápidamente el control de su progreso? Entonces es el momento de darle más atención. Puede que tarde un poco, pero no se desespere. Practicar buenos hábitos para mantenerlo, con el tiempo, vendrá de forma natural.

Diferencia Entre Enfoque Y Concentración

Estar enfocado significa estar en contacto con la realidad en general. La mente de un individuo concentrado es consciente de dónde está, quién es y por qué existe. Significa que estás "concentrado" en la tarea específica que tienes entre manos y que no dejas que tu mente se pasee hacia otros pensamientos.

La concentración es el acto de segregar la atención en una tarea o aspecto específico de la conciencia. Por ejemplo, mientras lee un artículo, etc., la concentración puede dividirse si dos personas discuten de cerca, pero usted todavía está concentrado en leer el artículo. A diferencia del enfoque, la atención no es simplemente una elección de "sí" o "no". Puede haber varios grados de concentración. El enfoque, por otro lado, es un aspecto fundamental de la volición. Un interruptor de voluntad que se puede encender o apagar tanto si la persona está enfocada como si no.

Además, tanto el enfoque como la concentración son propiedades diferentes de la atención. Y la atención es un subconjunto de la conciencia. La conciencia absoluta es también un estado de relajación o descanso total. Eso significa que implica energía cero. Y así, puedes tener una conciencia absoluta de por vida y ser genial como un niño. Aquí el observador es consciente de que el sujeto existe. Si se le pregunta más tarde, no existe en su mente consciente. La atención se centra en el incidente en el que el observador toca el tema a nivel del transbordador. Pero no es denso, por lo que no puede verlo en imágenes o palabras si solo está en este estado por un minuto. Si se le pregunta, puede sentir algo, pero no puede explicar esa experiencia, ya que no ha tomado ninguna forma.

La concentración implica energía, al igual que el ejercicio físico, cuando te concentras. Tu energía fluye hacia el tema de tu enfoque. Entonces, el enfoque ahora es obtener formas. La palabra forma imagen, visualización de sueños, reacción. Cuanto más te concentras, más densos son. Pero recuerda que, dado que la concentración implica energía, también te consume.

Permítanme dar un ejemplo y explicar todo esto nuevamente:

when you're reading just one sentence of this entire paragraph. Still, your eyes see and record the whole section. He is always aware of the entire paragraph and this website, and this computer, this room, this time this temperature. But you can't remember everything because your focus was only on one sentence. And The more you channel your energy into reading this sentence, the more time you will remember it.

FUENTE DE DISTRACCIÓN

Algunos ejemplos de distracciones más comunes son:

1. Nuestra Mente

Nuestra mente es un foco de distracciones; durante la realización de una tarea o actividad, nuestra mente está pensando en otra cosa o incluso provoca que tengamos diálogos internos con nosotros mismos, con los que, físicamente, estamos desarrollando una actividad o tarea. Aún así, mentalmente estamos pensando en otra cosa; incluso podemos estar discutiendo internamente con nosotros mismos lo que haremos el fin de semana o las próximas vacaciones.

El resultado será una tarea o actividad mal realizada porque no nos hemos centrado en lo que estábamos haciendo. Desde mi punto de vista, esta es una de las peores razones para perder la atención, ya que depende de nosotros no perder la concentración; en este caso, no interviene ninguna interrupción "externa"; somos nosotros mismos y nuestra mente los que generan la interrupción.

2. Compañeros / Clientes / Proveedores / Jefe

Otra fuente de distracciones son nuestros compañeros de trabajo, jefes, clientes, proveedores.

Es común encontrarnos trabajando concentrados en una tarea y recibir una interrupción de un colega que se acerca a nuestra mesa para preguntarnos cualquier asunto para el que necesita nuestra ayuda. Ya sea un tema importante o una tontería, el resultado será el mismo, la pérdida de nuestra atención con la tarea que estábamos desarrollando.

También es común recibir una llamada de un cliente o de un proveedor durante una tarea simplemente por no tomar las medidas necesarias para evitarla. Y lo más común de todo es estar enfocados en nuestra misión, y recibir la típica llamada o visita de nuestro jefe.

"Hola, ¿tienes un minuto?" "Necesito discutir algunos asuntos contigo."

En el caso de recibir una llamada de clientes o proveedores, podríamos haber puesto el teléfono en modo 'no molestar' y si el terminal no tiene este modelo, descolgarlo (teléfono de oficina). En un caso que nuestro jefe nos requiera, lo más normal sería decirle si puede esperar unos minutos para terminar la tarea. Si es comprensivo, comprenderá y esperará a que completemos nuestra misión. De lo contrario, no nos quedará otro camino que acudir a su llamada, e intentar terminar la tarea tras la reunión con él, si conseguimos recuperar el enfoque y la concentración.

3. Hijos O Pareja

Es común que quienes trabajan desde casa lidien con el enfoque y la concentración, tener niños corriendo, o nuestra pareja hablándonos cada dos o tres, o enviándonos pedidos.

Es imperativo que las personas que nos rodean sepan que durante nuestra jornada laboral en casa, no podemos interrumpirnos a menos que sea una emergencia; si contamos con una oficina o taller, debemos dejarle al resto de habitantes de la casa que este es nuestro espacio y que durante nuestras sesiones de trabajo, no podemos atender sus solicitudes. Es como si no estuviéramos en la casa.

4. Teléfono Fijo | Móvil

Una gran fuente de distracciones también son los teléfonos, ya sean fijos o móviles. Una llamada, un SMS, un WhatsApp, una notificación de Facebook ... el caso es que durante el desarrollo de nuestras tareas o actividades, recibimos interrupciones de nuestro dispositivo o del terminal fijo que tenemos en nuestra mesa de trabajo, lo que nos hace perder enfoque y concentración.

Como he dicho antes, si el terminal fijo de nuestra mesa de trabajo tiene modo 'no molestar', será una buena idea activar este modo durante el desempeño de nuestra tarea. Si el terminal no tiene este modo, otra buena idea es dejarlo descolgado para evitar que entren llamadas.

Con el móvil lo tenemos mejor. Podemos poner el móvil en modo 'vuelo' con el que desconectamos todas las comunicaciones; También podemos apagar completamente el terminal o ponerlo en silencio SIN vibraciones y boca abajo para que la pantalla no nos distraiga si entra algún mensaje de llamada.

5. Notificadores / Alarmas / Calendarios
Imagina este escenario:
Estás trabajando en una tarea vital, has estado trabajando en ella durante más de una hora, y has obtenido un nivel muy alto de enfoque y

concentración, disfrutas haciendo la tarea, tus ideas fluyen como el agua en un arroyo.

Esta sensación se llama 'el estado de flujo' o 'estar en la zona de productividad'. '

Repentinamente...

- Su sistema operativo le avisa con una notificación que indica que el antivirus se ha actualizado.
- Su aplicación de correo electrónico le avisa con una advertencia de que han llegado nuevos mensajes.
- Su teléfono móvil comienza a sonar con notificaciones de WhatsApp o Facebook.
- Su aplicación de tareas muestra una alarma para recordarle que debe realizar otra tarea.
- Su aplicación de calendario muestra un aviso para recordarle que debe asistir a una cena con un cliente esta noche.

¿Que pasó? ¿Dónde está el enfoque y la concentración que tenía para realizar la tarea que estaba haciendo?

De repente, has pasado de estar en un estado máximo de concentración y atención a estar disperso, desenfocado; debe detener el progreso de la tarea y tomarse unos minutos para concentrarse nuevamente.

Pero ... es demasiado tarde, regresa al trabajo, pero tampoco puede encontrar el estado de 'flujo', ya no está en la 'zona'.

No sé si lo que describí anteriormente te ha pasado alguna vez. La sensación que se quedará contigo si experimentas esto será la frustración, seguida de mal humor por no seguir adelante con la tarea como antes.

Las alarmas y los notificadores son necesarios ocasionalmente; no podemos confiar en todos los recordatorios; la mente no nació para recordar cosas. Si es bueno poner recordatorios, especialmente para eventos del calendario, a los que debemos acudir sin falta, lo importante es no abusar de las alarmas y notificadores; si nos interrumpen constantemente, nuestro enfoque y concentración, así como nuestro flujo de trabajo, se verán afectados considerablemente. Por tanto, los eventos del Calendario: con moderación, notificadores de Facebook, Twitter, WhatsApp, mejor silenciados durante nuestra jornada laboral.

Como puede ver, muchas cosas pueden afectarnos para perder el enfoque y la concentración. Algunos son causados por nosotros mismos y otros causados por factores externos. En cualquier caso, el resultado será el mismo: pérdida de concentración y atención.

Creo que en las escuelas, desde pequeños, deben enseñarnos a mantener el enfoque y la concentración, bueno, creo que en las escuelas también deben llevarnos a ser productivos, porque los estudiantes de hoy son los trabajadores de mañana otra cuestión. El caso es que también creo que mucho fracaso escolar se debe a una pérdida de enfoque y concentración por parte de los alumnos a la hora de asistir a clase y sus estudios en general, ya sea por interrupciones de los compañeros o de uno mismo con pensamientos diversos que nada tienen que ver con lo que se está haciendo en ese momento. Si se mejorara el enfoque y la concentración en las escuelas, la tasa de fracaso escolar se reduciría considerablemente.

Técnicas Y Consejos Para Enfocarse Y Alcanzar Sus Metas

El enfoque es como las riendas que sostienen un caballo enérgico. Tienes que aprender a dominarlo. ¿Cuántas veces al día te detienes unos minutos para ver las notificaciones de tu celular y tus redes sociales? ¿O cuántas veces ha comenzado un proyecto pero ha postergado las cosas para darse por vencido?

Mantener la concentración es una tarea cada vez más difícil en la actualidad. Principalmente por las pequeñas y grandes distracciones presentes en todas partes. Suponga que está aquí y quiere cambiar eso en su vida, ¡felicitaciones! Comprender la importancia de centrarse en sus objetivos personales y profesionales es el primer gran paso.

Para ayudarte aún más a crear nuevos hábitos para lograr tus objetivos, te explicaremos qué significa mantenerse enfocado y sugerencias para ponerlos en práctica lo antes posible.

Aquí están las técnicas y consejos que le ayudarán a concentrarse mejor y también aumentar su concentración.

1. Empiece gradualmente

Si tiene un objetivo central, como iniciar y comenzar un nuevo negocio, la mejor manera de trabajar hacia su objetivo es comenzar lentamente. Es como comenzar una actividad física reciente después de mucho tiempo sin hacer ejercicio: no obtendrá un gran resultado de inmediato. Necesita entrenar y ganar acondicionamiento cada vez mejor con el tiempo.

Entonces, divida su meta en metas pequeñas, comenzando a trabajar desde allí. Un consejo: utiliza la Técnica Pomodoro, que también ayuda a dividir el tiempo de trabajo.

2. Trabaje para eliminar posibles distracciones

Aunque parezca obvio, muchas veces no tenemos noción de la cantidad de distracciones que nos impiden concentrarnos en una tarea. En estos días, las fuentes predominantes de distracción son los teléfonos inteligentes y las redes sociales. Basta una notificación para que la tentación de mirar sea excelente.

Una forma de lidiar con esto es dejar su teléfono celular fuera o bloquear el acceso a las redes sociales mientras trabaja. Para este último, incluso hay complementos en Google Chrome que lo hacen muy solo. Además, reserve una hora y un lugar específicos para concentrarse en su tarea. No importa si es para estudiar o trabajar: crear una rutina eliminando distracciones es una excelente manera de concentrarse en lo que es necesario.

3. Concéntrese en una cosa a la vez

La verdad sea dicha: pocas personas logran realizar múltiples tareas. Para aquellos que tienen problemas de concentración, lo ideal es elegir metas y concentrarse en una a la vez. Hacer malabares con múltiples tareas al mismo tiempo solo reduce drásticamente su productividad. Mejorar su enfoque también significa aprovechar al máximo los recursos disponibles en todo momento.

En resumen: ¡un paso a la vez!

4. Aprenda a decir no

Si tiene muchas tareas pendientes, es hora de evaluar cada una de ellas cuidadosamente. ¿Puedes eliminar algunos para centrarte en lo que importa? Antes de emprender un nuevo trabajo, debe evaluarlo y considerar si se ajusta a sus prioridades. Si la respuesta es no, diga que no.

Recuerde: concentrarse es priorizar las cosas esenciales.

5. Practica la atención plena

Una técnica conocida para un mejor enfoque es la práctica de la atención plena. Varios especialistas recomiendan dedicar de 10 a 20 minutos diarios a practicarlo. ¿Pero que es eso? Se trata simplemente de concentrarte en lo que estás haciendo, observando todas las sensaciones físicas y emocionales de ese momento. Mindfulness se puede aplicar en cualquier momento del día. Por ejemplo, mientras mastica su comida, concéntrese en los sabores y texturas.

Esta práctica ayuda a disminuir las distracciones a medida que surgen. Si estás trabajando y tienes un deseo incontrolable de hacer otra cosa, la atención plena te ayuda a recuperar la concentración.

6. Intenta hacer ejercicios físicos

Hacer algo de actividad física trae increíbles beneficios a la vida, incluso para mejorar la concentración. Es vital asegurarse de que su cuerpo se mantenga en el boom del fitness para cumplir con todos sus objetivos. Y no estamos hablando de correr millas. Una caminata de 30 minutos, yoga de 20 minutos u otra actividad que disfrute puede ser de gran ayuda para aumentar la productividad.

7. Cree metas flexibles y supervise su progreso

Sabiendo que necesita crear planes para mejorar el enfoque, recuerde también mantenerlos relajados. Después de todo, cada proceso debe revisarse para garantizar el éxito de su objetivo más amplio.

Tan importante como la flexibilidad es el seguimiento de su progreso. Esto se puede hacer en una hoja de cálculo de Google Worksheets u otra herramienta que ayude a administrar los planes. La clave es observarlos de vez en cuando, notando el progreso y lo que debe cambiar.

8. Busque tener a alguien que le ayude

Sabemos que incluso definir todas las metas y crear un objetivo central es difícil de poner todo en práctica y fácil de postergar. Para ayudarte en este sentido, debes buscar a alguien en quien confíes que te motive e incluso "exija" tu progreso. Pero no lo veas como algo negativo, ya que su función será simplemente ayudarte.

Esa persona puede ser su tutor, al igual que usted puede serlo para él. Con alguien ayudándote y exigiendo dedicación a tu objetivo, será mucho más difícil para ti perder el enfoque.

9. Organiza tu horario

Es normal olvidarse de hacer algo durante el día, pero este olvido puede significar dejar algo importante sin hacer. Por eso es fundamental tener un horario organizado, por lo que es prácticamente imposible olvidarse de nada. Y hoy, tener un buen plan es cada vez más cómodo porque, en la red, hay infinidad de aplicaciones gratuitas.

Para organizar tu horario, estipula tiempos para realizar las tareas, enfócate en lo necesario para terminarlas. ¿Tachaste un trabajo del plan? Relájate y recompénsate haciendo algo que te guste.

10. ¡Practica siempre!

Fortalecer su enfoque no es algo que suceda en un abrir y cerrar de ojos. Se necesita tiempo e implementación para convertirse en una persona enfocada y no perder de vista su objetivo final.

Primero, averigüe todo lo que le estorba. Podrían ser notificaciones por correo electrónico o alguien interrumpiéndote todo el tiempo. Al mapear esto, valorará más su tiempo y trabajará para cambiar lo que sea necesario. ¡Comprométete a trabajar en tu enfoque y verás que lograr tus objetivos será mucho más cómodo!

¿CÓMO PODEMOS MEJORAR EL ENFOQUE Y LA

CONCENTRACIÓN?

El enfoque y la concentración pueden ser difíciles de dominar. Hay toda una ciencia compleja detrás de agudizar la mente y prestar atención a lo que importa. La mayoría de la gente quiere aprender a mejorar su concentración, pero vivimos en un mundo ruidoso lleno de distracciones constantes que lo dificultan. La verdad es que podemos utilizar varios recursos para mejorar el enfoque y la concentración, recursos que nos ayudan a mantenernos enfocados.

1. Planifique su trabajo el día anterior

Empezar el día con una hoja de ruta de lo que tenemos que hacer nos ayudará a mantener el enfoque y la concentración, evitar saltar de flor en flor, o lo mismo, de tarea en tarea. Una buena planificación nos permitirá empezar el día predispuestos a hacer y completar, y por tanto, estar concentrados y enfocados en nuestras tareas planificadas. Si durante el día surge una interrupción, deber imprevisto o no planificado, una vez hecho esto podremos retomar nuestra planificación, y nos será más fácil enfocarnos y concentrarnos.

2. Dar sentido a la tarea o actividad que vas a realizar

Piense mentalmente en la primera tarea que va a realizar. Visualiza tu primer paso, dale un sentido al estudio, no hagas las cosas porque sí, porque es tu trabajo, y te pagan por ello, encuentra un sentido positivo y motivador para cumplir con ese deber, por pequeño que sea. Dar servicio a un cliente que te gusta, ayudar a un colega, superarse, lo que sea, pero que te motive a hacer la tarea, prestar atención, esforzarte y hacerlo con calidad.

3. Evite la multitarea

Wikipedia define la multitarea como multitarea es la característica de los sistemas operativos modernos para permitir que se ejecuten múltiples procesos compartiendo uno o más procesadores.

En el ámbito humano, nuestro cerebro es el procesador y, a diferencia del cerebro de la computadora, nuestra mente es buena para hacer solo una cosa a la vez. No tenemos dos cerebros, por lo que es mejor no sobrecargar al único que tenemos con varias tareas a la vez. El resultado sería trabajos a medias y mal hechos.

4. Apague notificadores, teléfonos y alarmas

Lo hemos visto antes; notificadores, teléfonos, advertencias, avisos, etc ... son distracciones potenciales. Prevenirnos y desactivarlos de antemano hará que ganemos en productividad, concentración y atención. En el caso de los eventos del calendario, es buena idea hacer una pequeña revisión previa, para conocer las circunstancias, citas o reuniones que tengamos durante el día, y así estar más atentos a su caducidad, sin depender tanto de la visual o notificadores de sonido.

5. Pídale al entorno que lo rodea que sea respetuoso con su concentración y atención.

Trabajo en una oficina diáfana, sin oficinas cerradas, separadores ni cubículos. Para colmo, la oficina donde trabajo tiene un gran ventanal que da a la calle y se puede ver pasar mucha gente y vehículos. También está cerca de una escuela, por lo que durante las horas de entrada y salida de la escuela, la afluencia de personas en la calle es aún más significativa. También está al lado de una oficina de empleo, lo que hace que la zona sea bastante concurrida durante todo el día.

No puedo interferir con la gente en la calle o los vehículos que pasan para evitar distracciones, pero es posible con otros elementos internos.

Muchas veces, puedes bajar las cortinas durante la primera hora y media de la mañana, para concentrarte y enfocarte nada más llegar a la oficina, y de esta forma no tener distracciones externas, y poder hacer un uso justo de la energía y concentración de las primeras horas. Como elemento disuasorio, use auriculares para enviar un mensaje visual a sus colegas, diciendo: "no molestar". Estoy en modo de "concentración". Dile a tus compañeros de oficina que no te molesten un rato, ya que tienes que concentrarte en realizar una o dos tareas críticas.

6. Elija bloques de 3 tareas

Si le resulta difícil mantener el enfoque y la concentración debido a la gran cantidad de cargos pendientes, reduzca su lista de tareas y cree un plan alternativo. Lo llamo: 'Lista de desbloqueo', todo y que la idea es original de Berto Peña (Lista B).

La lista de desbloqueo consiste en crear una lista de tareas alternativa, en la que solo vas a poner tres tareas, y te vas a concentrar única y exclusivamente en esas tres tareas; el resto no existe; no importa si aún le quedan otras 20 tareas por hacer. Ahora lo importante son esos tres, y nos vamos a centrar en ellos. Una vez completado, tomamos otras tres funciones de la lista principal y las movemos a la lista de desbloqueo, y así sucesivamente; de esta manera, poco a poco, lograremos el enfoque y concentración necesarios mientras avanzamos con nuestras tareas.

7. Descanso

Parece obvio, ¿verdad? Si estamos cansados, no podremos mantener el enfoque y la concentración necesarios. Si la noche anterior no descansamos lo suficiente, por la mañana comenzaremos el día desenfocados, desorientados, agotados ... Un buen descanso es fundamental.

A veces es difícil conseguir algo tan sencillo ya que cuando nos faltan horas del día, solemos robarlas por la noche. Este es un enfoque incorrecto porque no estamos robando horas del día que ha pasado, sino que las estamos robando del resto del día por venir. La consecuencia será que por la mañana, no tendremos el 100% de energía, enfoque y concentración, como lo tendríamos si hubiéramos descansado correctamente.

8. Definir bloques de tiempo

No importa si usa la técnica Pomodoro, con sus Pomodoros predefinidos de 25 minutos, o si define un tiempo más largo o más corto en su herramienta de cronómetro. Lo importante cuando está desenfocado es trabajar en bloques de tiempo. Establezca un tiempo X basado en su nivel de energía y concentración en una herramienta de temporizador. Pulse Iniciar y comience a trabajar en su tarea durante el período que haya definido. Cuando el temporizador se detenga, haga una pausa, dependiendo de sus niveles de energía y concentración. Quizás sea lo suficientemente favorecido como para haber encontrado el estado de flujo mientras realizaba la tarea, seguir trabajando en ella y no detenerse, no importa cuánto tiempo se haya detenido el temporizador. El temporizador es solo una herramienta para ayudarlo a concentrarse; si has tenido la suerte de encontrar el enfoque y la concentración si estás en un estado de Flow, o estás en la 'zona', aprovecha el tirón y no te detengas.

Es posible que tenga problemas para mantener el enfoque y la concentración durante períodos prolongados, pero es más fácil hacerlo en períodos cortos. Detectar e identificar qué periodos se adaptan mejor a ti y a tu flujo productivo, aprovecharlos para mantener el enfoque y la concentración, y tener suficiente capacidad de análisis para adecuar estos bloques a tu estado de atención equivale a preocuparte por tu productividad y tus resultados.

9. Utilice aislantes

Otro recurso que utilizo regularmente para mantener el enfoque y la concentración son los 'aisladores' externos. Como mencioné antes, suelo utilizar auriculares para aislarme del entorno y escuchar música. Incluso los tengo puestos a veces, sin escuchar nada, solo para disuadir.

Cuando escuche música, siga estos pequeños consejos:

¡Cuidado! No sirve cualquier pieza; si escuchas a tu grupo de rock o pop favorito, probablemente no te ayudará a mantenerte enfocado y concentrado. Tampoco ayuda que la música contenga letras cantadas, ya que puede distraerte y no mantener el enfoque y la concentración. Música con letra, déjala, para cuando estés haciendo tareas menores que no requieran mucha atención.

Cuando realizas tareas que requieren atención y concentración, lo mejor es la música instrumental, sin letra y con un ritmo bajo, sin música bailable, rock, disco ...

Cosas que hacer después de perder el enfoque y la concentración

Pasos para recuperar la concentración y el enfoque en sus actividades

¿Te encuentras con atención dispersa y sin saber cómo reordenar todo y empezar de nuevo? No poder concentrarse es uno de los problemas que le impide tener los resultados que desea en su vida, pero no es el único. Tal vez su pregunta sea no poder concentrarse, pero no saber en qué concentrarse.

Son dos cosas diferentes pero relacionadas. Por un lado, la capacidad de concentrarse y hacer las cosas, y por otro, saber en qué tiene que concentrarse. ¿El punto de una unión? Cuando no ve lo que quiere, es difícil concentrarse. Seguramente has escuchado muchas veces que "obtienes aquello en lo que te enfocas" lo que ellos hacen que te concentres en lo que te enfocas. Cuanto más te concentras en algo, sea lo que sea, más recursos utiliza tu mente para detectarlo (por lo tanto, si estás embarazada, empiezas a ver mujeres embarazadas en todas partes, por ejemplo), lo que puede dominar tus pensamientos y afectar tu comportamiento. . ¿El problema? Cuando eliges concentrarte en algo que no te beneficia.

Si te enfocas en lo que te limita, te defines a ti mismo. Si te concentras en no comprender algo, menos espacio dejarás para comprender. Si te enfocas en tus defectos, lo que te falta (ya sea talento, tiempo, dinero, etc.), comenzarás a encontrar pruebas de que es acertado y cada vez, intentarás menos o tirarás directamente la toalla. Si te concentras en tus miedos, verás cada vez más pruebas de que son reales y no verás las oportunidades. ¿Me equivoco?

La buena noticia es que este proceso funciona igual para las cosas positivas. Puedes elegir concentrarte en algo que te beneficie, que abre puertas en lugar de cerrarlas. Y dado que los pensamientos están vinculados a las emociones y las acciones, si cambia en qué se concentra, cambiará sus pensamientos, sentimientos y actividades, y obtendrá resultados diferentes. Por tanto, saber elegir en qué vas a centrar tu atención es fundamental.

Pero, por supuesto, tan importante como saber elegir bien en qué concentra su tiempo, energía y pensamientos es desarrollar la capacidad de concentrarse, no perderse ni dispersarse. Porque así como no enfocarse en las cosas correctas no le da resultados, tampoco no sabe cómo aplicarlo, no importa cuánto sepa en qué concentrarse. Ese es el problema en muchos casos; tus pensamientos están dispersos, cuando si te concentras, tendrías excelentes resultados.

¿Cómo puede recuperar la concentración y concentrarse en lo que más le beneficia, lo que le dará los mejores resultados? Lynn Marie Sager, en su libro "Un río que vale la pena montar", recomienda que sigamos estos pasos:

1. Imagina el futuro que deseas: En muchos casos, este es el problema; necesita una visión clara de en qué quiere enfocarse y avanzar hacia ese futuro. Para que no se esparza, se estanque o pierda tiempo y energía haciendo cosas que no le llevan a donde quiere ir. Como ella dice: "Existe una conexión entre saber lo que quieres y conseguir lo que quieres".

2. Identifica lo que te distrae: ¿Qué te hace perder el rumbo? Para eliminar las distracciones que tanto te afectan, primero debes identificarlas. Noticias negativas, chismes, gente quejándose, estar preocupado, enojado. Cuando te sientas así, pregúntate qué te hizo perder la concentración y el ánimo, y ya sabes: ¡evítalo!

Una de las cosas que más te afecta son tus circunstancias: las noticias y las personas negativas. Eso te hace concentrarte en lo mal que están las cosas y dejar pocos recursos a las posibilidades. Si dejas que estos factores controlen lo que piensas, controlas cómo reaccionas ante tu vida, cómo te comportas y, por tanto, los resultados que tienes. No digo que no tengas que estar informado, pero no te obsesiones; se necesita un equilibrio. Si la información hace que su vida se desmorone, póngale freno. Además, en estos casos, aquello en lo que nos enfocamos genera miedo, por lo que si aprendes a controlar aquello en lo que te enfocas, aprenderás a manejar la ansiedad. Es por eso que la gratitud es poderosa porque te enfocas en lo que tienes, no en lo que te falta. Según el psicólogo Dr. Martin Seligman, hay algo que nunca deja de brindarle satisfacción a largo plazo, y puede aplicarlo para comenzar a eliminar la negatividad y sus efectos de su vida:

Cada noche antes de irse a dormir, escriba tres cosas que salieron bien ese día en una hoja de papel. Puede ser algo especialmente importante (me llamaron de un trabajo, tengo un nuevo cliente) o algo no tan relevante pero significativo para ti (mi marido me regaló flores, la pasé bien con mis amigos, etc.). Ahora señale lo más importante, por qué les fue bien. Ejemplo: Me llamaron de un trabajo porque soy apto para ese puesto, lo pasé bien con mis amigos porque tengo grandes amigos y les hago tiempo, etc. Este ejercicio diario te hará apreciar las cosas positivas en tu vida y tu papel en ellos.

3. Desarrolle la capacidad de concentrarse: La concentración es una habilidad que puede desarrollar con la meditación o con disciplinas específicas que requieran concentración, como yoga, baile, escritura, deportes, etc. Elija una y comience.

The combination of these guidelines will help you improve your ability to focus and clearly define what to focus on and, you know, if you spend your time on what you want, you will start to get what you want (it seems obvious but it is not, think about it).

CAPÍTULO 7

PROCRASTINACIÓN: CÓMO NO PROCRASTINAR

¿Qué significa la palabra procrastinación?

La palabra procrastinar proviene de una palabra latina cras, que significa mañana o adelante. Y es precisamente la lógica que tenemos cuando posponemos. Dejamos las cosas para después, formando un círculo vicioso entre la ansiedad y la culpa que genera más miedo.

Significado de procrastinar

El origen etimológico de la palabra stalling está en latín; pro es adelante y crastinus se refiere al futuro. La procrastinación es, por tanto, el acto de posponer o posponer actividades y situaciones para otros que son más agradables, incluso si no son relevantes. Con este acto evitas la responsabilidad o acción de utilizar otras tareas que te sirvan de refugio y excusa. ¿Recuerdas cuándo fue la última vez que pospusiste algo? Sin darte cuenta, estas son las etapas que seguiste:

Primera etapa: Percibes ansiedad o malestar frente a esa actividad-que-debes-realizar.

Segunda etapa: Como reacción lógica, tu cerebro busca aliviar ese sentimiento con alguna otra tarea. Por lo tanto, se vuelve increíblemente productivo en otras actividades (que no son una prioridad en ese momento).

Etapa tres: su cerebro almacena esa actividad obligada como dolorosa y busca más distracciones o alguna razón lógica por la que la posponga. En ese momento, aparecen todas las excusas reconfortantes: "mañana será otro día", "era fundamental contestar ese correo electrónico", "la reunión era inevitable", etc.

Cuando recuerdas esa tarea o actividad pendiente que postergaste en un principio, genera culpa o remordimiento, y vuelves al punto de partida.

Se pueden distinguir dos niveles diferentes en la procrastinación: eventual y crónica.

- **Eventual:** se refiere a personas que no posponen regularmente, sino solo ocasionalmente.

- **Crónico:** el segundo a los que lo hacen con frecuencia y en muchas situaciones diferentes.

¿Por Qué Procrastinas?

Entre las causas o factores explicativos de la dilación, se han identificado las siguientes:

1. Dificultades de autorregulación y adecuada gestión del tiempo: incapacidad para retrasar la gratificación inmediata y baja tolerancia a la frustración, así como dificultades en la organización del tiempo, tal vez en la base de la tendencia a posponer.

2. Miedo al fracaso y perfeccionismo: ante una acción que no tiene garantía de éxito y existe la posibilidad de pérdida, las personas pueden intentar inconscientemente evitar ese momento como una forma de proteger su autoestima.

3. Baja autoimagen y autoconcepto: creencias irracionales por las que las personas se perciben a sí mismas como poco competentes y tienden a evitar determinadas actividades o acciones.

4. Ansiedad: la saturación y acumulación de trabajo puede incrementar el sentimiento de vulnerabilidad y el desarrollo de pensamientos catastróficos para

que las personas puedan presentar dificultades en la toma de decisiones, inseguridad e inmovilización.

5. Percepción de la acción: si el acto a realizar se percibe como abrumador, desafiante, tedioso o estresante, las posibilidades de procrastinación aumentan.

6. Procrastinación: es un comportamiento misterioso que se utiliza como mecanismo para evitar afrontar una tarea que produce ansiedad o miedo, por lo que se realiza otro acto que hace un alivio temporal como forma de escapar del estrés.

7. Temporalidad: el tiempo es uno de los factores que incide en la procrastinación, por lo que cuanto más lejos está el objetivo, mayor es la tendencia a procrastinar, en muchos casos, por pérdida de motivación.

8. Impulsividad: la impulsividad y la impaciencia conducen a una falta de autocontrol, lo que puede explicar el acto de procrastinación.

Tipos De Procrastinación

En función de las diversas causas de este aplazamiento, se hace una distinción entre diferentes tipos de procrastinación:

- **Procrastinación por evitación:** la procrastinación es un comportamiento de evitación debido al miedo al fracaso o sentimientos de vulnerabilidad a una tarea.

- **Dilación por activación:** se refiere al retraso hasta el final o límite hasta que no queda más remedio que realizar el trabajo.

- **Dilación por indecisión:** la persona pasa un tiempo excesivo pensando en realizar la tarea o considerando demasiadas opciones, rumiando mentalmente de forma neurótica.

Los Mecanismos De La Procrastinación

Muchos autores han destacado varios vínculos entre la procrastinación y los rasgos de carácter, áreas del cerebro y comportamientos.

- **Falta de energía:** La procrastinación está fuertemente asociada con personas con falta de energía y gasto físico.

- **Sexo y soledad:** los hombres tienden a posponer las cosas más que las mujeres, al igual que los jóvenes más que las personas mayores, los solteros más que las personas en una relación. Los procrastinadores parecen estar menos integrados que otros en su vida social y profesional.

- Fecha límite: los procrastinadores tienden a procrastinar más cuando se acercan las fechas límite (o fechas límite) para minimizar emociones como la vergüenza, la culpa o el arrepentimiento.

- Perfeccionismo: en educación, parece que los procrastinadores son sorprendentemente más perfeccionistas que los no procrastinadores. También están menos interesados en sus estudios, que consideran de escaso valor. Se han presentado varios modelos para explicar los mecanismos psicológicos de la procrastinación.

- El investigador Sirois y su equipo propusieron una hipótesis basada en la fuga cognitiva. Se dice que los sistemas de control cognitivo de los procrastinadores están fallando, por lo que tienden a priorizar las emociones inmediatas. Los investigadores han demostrado que la actividad de la corteza prefrontal se correlaciona inversamente con la procrastinación. En contraste, el sistema límbico, involucrado en las respuestas a los estímulos emocionales, está asociado positivamente con tal comportamiento.

- Pesimismo y anticipación al futuro: la conducta de procrastinación también está ligada a la corteza parahipocampal, que ya se ha demostrado que está involucrada en la memoria episódica y los estímulos emocionales. Este descubrimiento permitió considerar la hipótesis de que los procrastinadores tienden a anticipar negativamente los eventos futuros, lo que los lleva a elegir la recompensa inmediata a través de comportamientos arraigados en el presente.

- Toma de decisiones: el comportamiento procrastinador se ha asociado con la corteza prefrontal ventromedial, que es una región crucial para explorar posibilidades antes de tomar decisiones. Quizás eso explique por qué los procrastinadores suelen ser personas que tienen dificultades para tomar decisiones.

- Varios autores han destacado recientemente la incapacidad de los procrastinadores para estimar las consecuencias futuras de sus acciones en general. Al igual que las personas con amnesia episódica, su capacidad para imaginar escenarios anticipatorios en el futuro influye dramáticamente en su decisión en el presente. Esta capacidad es, de hecho, fundamental para facilitar los vínculos entre el establecimiento de objetivos, los medios implementados para alcanzarlos y el valor de estos objetivos una vez alcanzados.

- Impulsividad y sensibilidad al paso del tiempo. Muchos estudios han manifestado un vínculo entre la procrastinación y la impulsividad. Más recientemente, varios autores (Ferrari, Díaz-Morales, Sirois) han argumentado que los procrastinadores sufren de una mayor sensibilidad al tiempo y los plazos. Esta particularidad los ancla más en el presente y los lleva a adoptar comportamientos que lesionan sus intereses futuros. Como la impulsividad, este rasgo estaría escrito en los genes.

Consecuencias De La Procrastinación

En casos extremos, esta actitud evasiva puede llevar a la dependencia de estas otras actividades o elementos externos que cumplen la función de evasiones, como la televisión o los teléfonos móviles, en ocasiones adicción. Esta tendencia siempre está presente en todos los grupos de población, no solo en los jóvenes, como muchas veces se asume debido al llamado síndrome del estudiante, que se refiere a cómo las personas en ciencias posponen los deberes hasta la fecha programada. Sin embargo, esta actitud no se limita a los estudios sino que está presente en muchos otros ámbitos de la vida.

Además del estrés y la culpa que conlleva la postergación, aquí hay otras consecuencias de postergar:

➢ Ganarse una pésima reputación entre compañeros de trabajo, amigos y familiares

➢ Perder la ambición de tener éxito o alcanzar objetivos vitales.

➢ No tener los resultados que espera, desea o el choque de expectativas

➢ Puede amenazar su bienestar si se trata de una tarea relacionada con la salud (como un chequeo anual o comenzar a hacer ejercicio).

Las cosas empeoran porque la postergación puede afectar su autoestima y estado de ánimo. Si no hacemos algo al respecto, el hábito de la postergación inunda otras partes vitales de nuestras vidas; evitar una conversación difícil solo prolonga el conflicto. Y posponer una decisión importante en la vida, como separarse, hacer un compromiso serio o cambiar de trabajo, puede dejarlo insatisfecho de por vida. uno

Pero, si reconocemos que existen estas consecuencias, ¿por qué seguimos postergando las cosas?

¿Por Qué Tenemos La Costumbre De Postergar Las Cosas?

George Akerlof, un economista ganador del Premio Nobel, escribió un ensayo sobre la dinámica de la procrastinación, curiosamente después de ser víctima de este hábito. La cuenta que pospuso el envío de un paquete a un amigo durante ocho meses siempre estuvo a punto de enviar la caja, pero nunca llegó el momento de actuar.

Algo reconfortante en esta historia: ¡los ganadores del Premio Nobel también están postergando las cosas! Concluyó que la procrastinación podría ser más que un mal hábito. Es un impulso natural en los humanos.

Se estima que el porcentaje de personas que reconocen procrastinar se cuadruplicó entre 1978 y 2002. Y por último, pero no menos importante, un estudio reciente descubrió que la tendencia a procrastinar también está en nuestros genes.

Es cierto que hay muchas razones, pero aquí hay 5 de las principales razones detrás de la procrastinación

a. Por qué la actividad no es un hábito (y entra en conflicto con otras prácticas)

Una de las principales razones por las que la gente pospone las cosas es porque una tarea entra en conflicto con las reglas establecidas. Cuando intentas hacer algo que no es parte de tu rutina diaria, te costará un poco completarlo. Esto es principalmente cierto si la tarea es desagradable.

b. Queremos tener una recompensa instantánea

No tenemos consecuencias negativas inmediatas (aunque las pagaremos más adelante). Hasta ahora todo está bien. Por ejemplo: descansar en el sofá es más cómodo en este momento que salir a hacer ejercicio. Revisar el correo electrónico es más fácil ahora que hacer el proyecto que ha estado postergando. Comer pastel de chocolate es más sabroso ahora que comer la ensalada de verduras que te prometiste.

C. Sobreestimamos nuestra productividad futura.

Creemos que está bien posponer las cosas porque lo haremos más tarde, sin ninguna excusa. Creemos ciegamente que el momento perfecto será el último, no el ahora. Pero cuando llega ese futuro, todavía no podemos terminar, o peor aún, sin comenzar.

d. Nuestras expectativas no coinciden con la realidad

A menudo pensamos que la actividad será sencilla, y cuando comenzamos nos damos cuenta de que no es así, lo que genera resistencias para continuar. Y por el contrario, en ocasiones esperamos que una tarea sea muy compleja y requiera mucho esfuerzo y, por tanto, aparecen resistencias antes de empezar.

e. Nosotros tememos.

El miedo al fracaso nos paraliza y hace que dejemos una tarea o actividad importante para más tarde para evitar una posible decepción en el futuro. Las personas más perfeccionistas son a veces las que más postergan las cosas. Prefieren evitar hacer una tarea que sienten que están ejecutando o terminando de manera imperfecta.

Aunque suene extraño, algunas personas también tienen miedo al éxito; inconscientemente, piensan que el éxito de alguna manera los llevará a asumir más tareas y tener más responsabilidades que no quieren tener. Las razones pueden ser muy personales, pero lo cierto es que todos tenemos diferentes niveles de procrastinación; ¿En qué nivel estás? Esta pregunta debería sonar en tu mente.

CÓMO FINALMENTE DEJAR DE PROCRASTINAR

¿Se ve a sí mismo como un procrastinador? Un estudio de 2015 publicado en Cognitive Behavior Therapy encontró que aproximadamente el 50% de las personas se consideran "ligeras" o "promedio" cuando se trata de procrastinación. Y alrededor del 20% de las personas se creen procrastinadores crónicos, lo que significa que procrastinan en muchas áreas de su vida: trabajo, relaciones, finanzas, salud, etc.

No tienes que quedarte atrapado en tu dilación. La procrastinación puede ser un problema de gestión del tiempo, pero se trata de evitar ciertas emociones la mayoría de las veces. Es posible que se detenga si la tarea en cuestión parece tediosa o innecesaria.

O tal vez tiene tanto miedo de no hacer un buen trabajo que se siente tan lisiado que ni siquiera puede empezar. La mayoría de los procrastinadores se centran en los beneficios a corto plazo más que en los de largo plazo. Por ejemplo, cuelgan y se dicen a sí mismos: 'Va a ser difícil, no sé cómo hacerlo, va a ser incómodo', en lugar de simplemente hacerlo, dice Lombardo.

Aquí está la parte divertida: "Incluso si procrastina y trata de evitar cualquier experiencia desagradable que crea que está teniendo, aún estará a la altura de la tarea. Impacto negativo en ti incluso si no lo haces", dice Lombardo.

La procrastinación no es un diagnóstico psiquiátrico, pero las investigaciones muestran que puede aumentar el estrés, los problemas de salud y el bajo rendimiento escolar y laboral. Puede tener un impacto emocional, físico, de relación y, por supuesto, profesional. La buena noticia es que es posible superar sus hábitos de procrastinación. Nadie salió del vientre de su madre posponiendo las cosas, por lo que todo lo aprendido puede desaprenderse.

A continuación se muestran formas de empezar, ¡no las posponga por mucho tiempo!

1. **Medita y controla tus pensamientos:** La meditación es un aliado importante para superar este mal hábito. Como hemos dicho, la ansiedad está relacionada con el exceso de pensamiento. Al administrarlos, derrotará una parte del proceso. La técnica de la atención plena te ayuda a comprender los sentimientos y a enfocar tu atención en el presente.

   Al establecer conexiones con las actividades, el cuerpo deja de funcionar en piloto automático y realiza tareas con mayor calidad y percepción.

2. **Haz una cosa a la vez:** Mucha gente cree que la multitarea es sinónimo de productividad. Pero eso también puede ser un signo de procrastinación. Al hacer muchas cosas simultáneamente, demoras

todo y no terminas ninguna con buena calidad. Por lo tanto, es mejor dividir las tareas grandes en partes pequeñas y crear metas para cada una.

Por ejemplo, si necesita crear un calendario de contenido anual, comience creando fechas de vencimiento para el mes, trimestre o semestre. Después de todo, en este período, habrá terminado todo el trabajo sin sufrir durante todo el proceso.

3. **No se castigue por postergar las cosas:** Peor que no cumplir con un plazo de entrega es culparse a sí mismo por ello. Cuanto más se condene y se castigue por los errores, más ansiedad sentirá en la próxima tarea debido a la responsabilidad que le atribuye. Perdonarse sinceramente y no sentirse culpable es fundamental para superar los hábitos que impiden nuestro desarrollo personal. Lo que no debes confundir es el perdón con las excusas.

   Sea amable y generoso con usted mismo, pero nunca sienta lástima de sí mismo, ya que esto le impedirá salir del lugar. ¡Recuerda que eres capaz!

4. **Perdónate por la dilación pasada:** "Mucha gente ha peleado como, 'Soy vago, no puedo hacer esto', explica Lombardo. Pero etiquetarse a sí mismo como un procrastinador puede hacer que sea más probable que procrastinen. Entonces, incluso si ha

impulsado proyectos en el pasado, tómese un descanso y siga adelante.

Pero, ¿cómo te vas a perdonar? Piense en lo que sucedió en el pasado en forma de datos, sin fallas, y pregúntese cómo puede hacerlo mejor de ahora en adelante. En lugar de pensar en la culpa y la vergüenza que siente, liberará su mente para concentrarse en resolver problemas y hacer más.

Un estudio de 2010 publicado en la revista Personality and Individual Differences encontró que los estudiantes que se perdonaron a sí mismos por postergar las cosas antes de su término medio tenían menos probabilidades de cometer el mismo error.

5. **Determine por qué está postergando las cosas:** Pregúntese por qué podría retrasar la tarea. ¿Es miedo al fracaso? ¿Es miedo al éxito? ¿Es miedo a que el trabajo sea difícil? Lombardo dice que hay que encontrar la raíz del problema y luego solucionarlo, como pedir ayuda o comprender por qué un proyecto es esencial.

6. **Inicie la tarea:** Un paso esencial para aprender a dejar de procrastinar es obligarse a comenzar la tarea. Para facilitar este empujón, puedes agregar elementos agradables que ayuden a vencer esa

resistencia y te motiven, como tocar música. Lo más desafiante es el primer paso; una vez que se toma, es mucho más fácil continuar.

7. **Elimina distracciones:** Para facilitar la focalización en una actividad, realice un control de estímulos, por lo que aquellos que sean tentadores o dificulten la realización de la tarea no se mantengan a la vista o cerca. Además, trate de minimizar las posibles interrupciones que pueda anticipar.

8. **Adopte la regla de los dos minutos:** David Allen creó la práctica de dos minutos, que muchos ex procrastinadores juran. Así es como funciona: si un trabajo / tarea toma menos de dos minutos, hágalo inmediatamente. Realizar tareas simples de inmediato lo mantiene productivo y también puede ayudarlo a evitar perderse en su lista de tareas pendientes.

9. **Recorta la tarea:** Franco dice que te produzcan o no depende de dos cosas:
- Que pensaste que podrías lograr la tarea
- Si crees que la tarea vale la pena

Prepárese para el éxito concentrándose en por qué está haciendo el trabajo en lugar de recordar todos los posibles inconvenientes en su cabeza. Por ejemplo, en el trabajo, podría significar que un proyecto complejo puede ayudarte a desarrollar tus habilidades, explica Franco.

10. **Prioriza lo que tienes que hacer:** Comprender la importancia de cada tarea y las responsabilidades que implican nos hace posponer menos las tareas ordinarias. Un mapa mental puede ayudarlo a evitar perder tareas. La importancia de enviar un correo electrónico en el plazo correcto puede parecer pequeña, pero cuando nos detenemos a pensar que es parte de nuestro trabajo y que involucra las actividades de la vida de otras personas, ese trabajo se vuelve más crítico. Somos engranajes de grandes máquinas, y al desarrollar cada pequeña tarea con calidad, todo el proceso funciona mejor. Recuerda el dicho: cosecha lo que siembras.

11. **Toma posesión:** Finalmente, tendrás el control de tu destino. ¡Así que toma la iniciativa! Un estudio de 2011 publicado en Psychological Science encontró que contratar a otra persona lo ayudará a alcanzar su objetivo y lo hará menos motivado. Por otro lado, verse a sí mismo como esencial para el éxito del proyecto puede permitirle seguir avanzando.

12. **Romperlo en pedazos:** Dividir las tareas grandes que parecen abrumadoras en tareas más pequeñas y manejables es una excelente manera de progresar en un trabajo que ha estado evitando. Te permite avanzar en el camino del progreso y te permitirá darte cuenta de que puedes hacerlo. Como dice el adagio: "¿Cómo se come un elefante? Un bocado a la vez.

13. **Ponlo en tu calendario:** Si constantemente pospone un proyecto, reserve un tiempo para completarlo. Si lo incluye en su calendario y hace una cita que no es negociable, entonces no hay 'Oh, lo haré cuando tenga tiempo'.

Ver una cita en el calendario te obliga a hacerlo. Sin embargo, sea estratégico al planificar; Si es más productivo por la mañana, por ejemplo, reserve este tiempo para tareas que requieran toda su atención y use la tarde para tareas más locas y administrativas.

14. **Contratar un socio responsible:** Puede ser un esposo o esposa, un amigo cercano o un consejero; el objetivo es encontrar a alguien con quien pueda contar cuando se sienta estancado. Esta persona puede ayudarlo de dos maneras: puede hacer un seguimiento para asegurarse de que hizo lo que

emprendió y puede escucharlo para poder hablar al respecto. Descomprimir y aliviar el pecho puede ayudarlo a sentirse mejor y a volver a concentrarse en la tarea que tiene entre manos.

15. **Crea un sistema de recompensas:** ¿Has terminado de escribir tu presentación? ¿Ha respondido todos los correos electrónicos en su bandeja de entrada? ¿Eliminó esas carreras? Recompénsate. Nos ayuda a mantenernos motivados.

La recompensa depende de lo que te importe. Tal vez se tome un descanso para desplazarse hacia abajo en Instagram o salir a caminar. O podría conseguirse una manicura o entradas deportivas. Asegurarse de que sea algo único y fuera de lo común es clave para usar un sistema de recompensas para romper el ciclo de procrastinación.

Por lo tanto, es posible detener la procrastinación. Por lo general, no es fácil encontrar la manera de saber cómo dejar de procrastinar, pero con disciplina y organización, comenzará a ver los cambios. Además de las sugerencias que aquí te dimos para tu crecimiento personalmente, debes analizar otros factores externos, como el entorno en el que trabajas y el contexto en el que vives.

Esto le ayudará a comprender qué puede y qué no puede cambiar para seguir adelante y tener éxito. Tener el apoyo de su entorno es muy importante. Y ahora que lo sabes, si trabajas con alguien que tiene este hábito, también debes poner en práctica tu empatía para que esa persona siga creciendo. Sin duda, esto traerá muchos beneficios para ambos.

Ahora que sabe que es posible dejar de procrastinar, no deje esta oportunidad para más adelante; vea cómo tener éxito con estos consejos.

CAPÍTULO 8

FORME BUENOS HÁBITOS Y ROMPA LOS MALOS HÁBITOS

Los hábitos son comportamientos en los que participamos de manera rutinaria y repetida, sin los cuales sería difícil realizar muchas de las tareas que hacemos a diario. Si somos eficientes en la realización de tareas complejas, las aprendemos e interiorizamos, lo que nos permite realizarlas sin pensar. Sin embargo, algunos se convierten en malos hábitos. Hablar, caminar, escribir, conducir o tocar un instrumento, por ejemplo, son algunas de las habilidades que ahora están arraigadas en nuestro sistema.

Nuestro cerebro no tiene que pensar para ejecutarlos para realizarlos de forma rutinaria, sin esfuerzo consciente. Por tanto, podemos concluir que los hábitos son beneficiosos para nosotros. Sin embargo, hay hábitos que hemos formado que no son tan productivos y que se consideran defectuosos.

Este es el caso de morderse las uñas, tics faciales o movimiento incontrolado del pie durante la espera. Estas prácticas pueden resultar muy molestas y desagradables para otras personas en situaciones sociales.

Hábitos como regañar, criticar, buscar la atención de los demás o la manipulación también pueden considerarse molestos. Al igual que ocurre con las prácticas que nos ayudan positivamente en las tareas cotidianas habituales, también nos involucramos en estas actividades maliciosas sin hacer ningún esfuerzo consciente. Por lo tanto, es fundamental romper con estos malos hábitos para mejorar las conexiones interpersonales, las etiquetas sociales y el crecimiento personal. Tu vida actual es la suma de los hábitos que has adquirido a lo largo del camino. Buenos y malos hábitos. Todos han participado en la configuración de su estado físico, felicidad y nivel de logros.

Hábitos En El Origen De La Calidad De Vida

¿Quieres mejorar la calidad de tu vida? ¡Empiece por cambiar sus hábitos! Esto es lo que el autor James Clear explica de manera muy convincente en su libro Nothing Can Change Everything. Argumenta que las cosas en las que piensas y repites durante todo el día te moldean a ti, a tus pensamientos y a tu comportamiento.

Más importante aún, Clear cree que puede cambiar su vida en poco tiempo, simplemente eliminando sus malos hábitos y adoptando los buenos. Esto tendrá un resultado positivo en todos los aspectos de su vida, incluidos el trabajo y la salud. pero como funciona?

La Ciencia De Los Hábitos

Cambiar un hábito por otro es más difícil de lo que parece. Después de todo, hemos desarrollado estos hábitos a lo largo de los años. Ni siquiera lo pensamos más. Se ha convertido en un acto intuitivo y automático, pero no imposible de superar. Al menos si sabes cómo hacerlo.

Los científicos han identificado cuatro pasos esenciales para crear un hábito. Para aprender a dominar sus hábitos, es necesario comprender cada fase. Por eso os los presentamos uno tras otro. Aquí tomamos el ejemplo de una actividad mundana de "ver televisión". Ves el sofá. Si desea sentarse (a ver la televisión), automáticamente toma el control remoto y enciende el televisor. Ahora estudiemos la naturaleza de este hábito fase por fase.

- **Fase 1 - La señal:** Imagina que te sientas en el sofá. ¿Inmediatamente saltas sobre el control remoto? Sentarse en el sofá es una señal, información que predice una recompensa. Al sentarse, su primer instinto es agarrar el control remoto (el hábito) porque sabe que lo entretendrá. El sofá (la señal) dispara tu deseo (toma el control remoto).

- **Fase 2 - Envidia:** La envidia es tu deseo de recompensa. En el caso del sofá, la recompensa seguramente será la nueva serie a la que eres adicto o la película que querías ver a toda costa. El ansia de recompensa puede llevarlo al sofá, incluso si sabe que tiene cosas mucho más productivas que hacer.

- **Fase 3 - La respuesta:** puede recompensar su envidia tomando medidas. Respondes con un 'hábito'. Ves el sofá, de repente quieres ver la televisión, toma asiento y agarra el control remoto. En este ejemplo, el hábito es sostener el control remoto y encender instintivamente la televisión.

- **Fase 4 - La recompensa:** la recompensa es el objetivo final de la acción. En este caso: mira la película o serie. Obtener un bono tiene un doble propósito:

  ❖ Satisfacer un deseo (corto plazo)

  ❖ Aprenda qué acciones son buenas para recordar (a largo plazo)

Si las acciones valen la pena, las recordará y las repetirá. Hasta que se conviertan en una segunda naturaleza, en un hábito.

Ahora puede comprender mejor por qué, sin pensarlo, toma el volante para trabajar todas las mañanas. Instintivamente partes a una hora específica y tomas una ruta en particular para evitar atascos, llegar a la oficina a tiempo y protegerte del acoso del jefe. Es un buen hábito. Pero, ¿cómo lidias con los malos hábitos? Siga leyendo rápidamente.

Cómo Romper El Círculo De Los Malos Hábitos

Desafortunadamente, nuestros buenos hábitos, como llegar a tiempo al trabajo, no son los únicos hábitos que quieren ser recompensados. Por ejemplo, cuando sucumbes a los dulces, tu cerebro libera dopamina, la 'hormona de la felicidad'. Un premio. El mismo tipo de respuesta se produce cuando te quedas atascado en un proyecto empresarial y decides mirar tu feed de noticias de Facebook (en lugar de exagerar para hacer el trabajo). Entonces ... ¿cómo puedes ser más inteligente que estos malos hábitos? ¡Aquí están las claves del desafío!

Reconocer señales, impulsos y respuestas

No importa cuál sea su mal hábito, siempre hay una "señal" que desencadena el impulso y la respuesta. Reconozca la señal y cambie su comportamiento (la respuesta). Tomemos el ejemplo del fracaso de la inspiración en el trabajo.

Imagina que estás atrapado en un proyecto y te mueres por tomar tu teléfono inteligente. Cuente hasta diez y cambie su respuesta. En lugar de llevar tu móvil, sal a caminar. Beba un vaso de agua o deje descansar la vista. Luego, trabaja más duro para completar el proyecto. Si la urgencia de agarrar el teléfono sigue siendo urgente, escóndelo en un cajón y ¡ciérralo si es necesario! También puede pedirle a un compañero de trabajo que le señale su hábito cuando ceda a él.

Al repetir esta nueva respuesta a la señal, es posible que pueda romper el mal hábito. La próxima vez que se interpongan obstáculos en su camino, busque la sensación de alivio. Y la confianza de un trabajo bien hecho. ¡Una tarea más tachada de la lista! ¿Sigue siendo una recompensa mucho mejor que la información superficial en las redes sociales?

Determina tus malos hábitos

Una vez que haya identificado las señales, deseos y respuestas, puede aplicar este proceso a cualquier mal hábito. Abres el armario y la vista de las galletas cambia tu dieta. Deshazte de las cookies y la señal se erradicará. También puede suprimir el movimiento reemplazando los pasteles con bocadillos saludables.

Otro ejemplo. ¿Su primer instinto al sentarse en el sofá es agarrar el control remoto? Guárdelo en otro lugar y tenga un libro a mano. En este caso, cambia su respuesta a la señal en lugar de evitar el sofá.

¿CÓMO ELIMINAR LOS MALOS HÁBITOS? PASO A PASO

Los hábitos son comportamientos que se aprenden a través de la dedicación, la persistencia y la conciencia extremas. Cuanto más nos involucramos en nuestras prácticas, más se afianzan y refuerzan en nuestro sistema. Sin embargo, cada vez que intentamos hacer algo diferente a nuestros hábitos, tienden a debilitarse y el nuevo comportamiento alternativo se fortalece gradualmente con el uso repetido.

Un hábito de romper implica un enfoque paso a paso. Gillian Butler y Tony Hope proponen un sistema de seis pasos para romper los malos hábitos. Son los siguientes:

- Identifique sus factores desencadenantes.
- Decide cambiar.
- Esté atento a todos los detalles relacionados con esos malos hábitos.
- Diseñar estrategias para ayudar a detener la práctica.
- Reemplazar el camino con un comportamiento alternativo.
- Persistir en ser consistente y seguir el progreso.
- Aprenda a gestionar los lapsos.

1. Identifique sus desencadenantes: los hábitos dependen de algo que los desencadena, y esos desencadenantes pueden ser cualquier cosa. Por ejemplo, puede tener antojo de chocolate cada vez que se sienta estresado, o su respuesta automática al sonido de la alarma es presionar el botón para dormir durante cinco minutos más. Identificar estos desencadenantes es de gran ayuda para comprender qué desencadena sus hábitos.

2. Decide cambiar: Lo primero y más importante para romper un mal hábito es decidir dejar ese mal hábito. Cuando piensa en las desventajas de ese hábito, esta decisión es más fácil de tomar. Igual de importante es pensar en los beneficios que vendrán más adelante.

Pero es difícil cortar de raíz un mal hábito con solo decidirlo. Hay mucha gente que solo con este paso puede, pero no es lo habitual. Si está en el grupo mayoritario, no se desespere. Lo lograrás si tomas la decisión y sigues este programa. Entonces, no dejes de leer; te quedan cinco pasos más.

3. Esté atento a todos los detalles relacionados con ese mal hábito: Para acabar con un mal hábito hay que ser consciente de que lo tiene y que solo usted es capaz de eliminarlo. También es vital comprender cuál es ese hábito que desea dejar y cómo funciona.

Tienes que preguntarte por qué, bajo qué circunstancias, cómo y cualquier otra cosa que pueda ayudarte a hacer una descripción detallada de ese mal hábito. El punto fundamental es saber cuáles son los desencadenantes ambientales que lo provocan.

4. Diseñe estrategias para ayudar a detener el hábito: con toda la información recopilada en el paso anterior, ahora puede estar atento y saber cuándo es más propenso a desarrollar ese mal hábito antes de que suceda. Es hora de diseñar una estrategia para detener este comportamiento, una estrategia de "detención".

Cuando se dé cuenta de que está creando un mal hábito, deje de hacerlo inmediatamente diciendo "detente". Puede ser útil escribir STOP en una tarjeta con letras de colores y tenerla a mano para mirar cuando se encuentre participando en ese mal hábito.

5. Reemplazar el hábito por un comportamiento alternativo: Cuando la práctica implica el uso de una parte del cuerpo, es beneficioso intentar ocuparlo con una actividad alternativa por ser incompatible con el mal hábito. Incluso si esto significa hacer algo molesto e incluso desagradable de ver, es crucial para erradicar el mal hábito.

Otra opción es pensar en el sentimiento que te invade cuando harás lo que quieres erradicar y pensar en algo que te ayude a disipar ese sentimiento anterior. También puede ayudarlo a desarrollar habilidades para ayudarlo a lidiar con situaciones que desencadenan malos hábitos. Todo depende de la práctica que necesites para matar.

6. **Continuar siendo firme y el siguiente avance:** La constancia y el ingenio son las dos medidas más importantes para salir de la propensión a la intercesión. Si trabaja duro la semana principal al mismo tiempo, en ese momento, relájese; no matarás el mal hábito. Tienes que ser constante y controlar todos los pasos para debilitar la práctica.

   Es posible que sienta que no puede conseguirlo, que es demasiado para usted. Por eso debes establecer un sistema de recompensas para fortalecerte y seguir pensando en las ventajas que obtendrás cuando lo hagas.

7. **Aprenda a manejar los lapsos:** Los hábitos tienden a repetirse hasta que se rompen por completo. Dado que son automáticos, tienden a reaparecer. Por lo tanto, tendrá que hacer todo lo posible para dividirlos completamente para evitar esta repetición.

   Cuanto más lo intente, mayores serán las posibilidades de que su terrible hábito desaparezca. ¿A qué malos hábitos has puesto fin? Si está haciendo un esfuerzo por romper con un mal hábito, le recomendamos que persista. Después de lograr eliminarlo de tu vida, te sentirás lleno de felicidad.

Diferencias Entre Buenos Y Malos Hábitos

¿La diferencia entre malos hábitos y buenos hábitos? es bastante simple:

Los malos hábitos son todo lo que nos disuade y nos aleja de nuestras metas.

Los buenos hábitos son todo lo que nos beneficia y nos acerca a nuestras metas.

Así, clasificaré en malos hábitos, todos los comportamientos que perjudican tu salud, salvo que el hecho de morir joven o tener una enfermedad grave y crónica sea parte de tus objetivos.

Por ejemplo, ¿qué hacemos si tenemos el hábito de fumar? Disfrutamos de un pequeño momento de placer varias veces al día, muchas veces siguiendo una tradición que teníamos anclada en un momento de nuestra vida en el que no éramos muy maduros y no muy estables emocionalmente, sin haber pensado en lo más mínimo en las consecuencias. De este placer a largo plazo, ni si no pudiéramos sustituir este placer por otro, que nos acerque a nuestros objetivos o al menos no nos aleje de él. Y en ocasiones, como ocurre con los cigarrillos, cuanto más tiempo pasa y más nos habituamos a este hábito, físico o psicológico, más difícil es para nosotros dejarlo, o incluso plantearnos dejarlo.

Tenga en cuenta que este fenómeno de dependencia también puede darse con hábitos positivos y que en este caso, ¡usamos este famoso poder de las prácticas a nuestro favor!

Entonces, ¿cómo se cambia y reemplaza los malos hábitos por buenos hábitos? No pretendo darte una forma milagrosa de dejar de fumar. Pero te ofrezco un método simple de 6 pasos que te permitirá revisar todos tus hábitos actuales, identificar los que te están lastimando y tomar medidas para reemplazarlos de los malos hábitos por otros mejores.

Pasos Clave Para Reemplazar Los Malos Hábitos:

1 - Enumere sus principales hábitos

El primer paso es, por tanto, identificar sus patrones principales. Elija una hoja de papel y un bolígrafo y siéntese en silencio, en un lugar donde nadie le moleste. Luego enumera veinte de tus hábitos. Repase mentalmente uno de sus días típicos, y una de sus semanas habituales si puede, y anote todas las cosas que hace con frecuencia y de forma automática, sin darse cuenta.

Puede ser desde pequeñas cosas simples, como mordisquear un trozo de chocolate a las 4 de la mañana o ir directamente a la ducha cuando te levantas, hasta cosas emocionantes que combinas con esfuerzos reales, como correr media hora todos los días o exigirte leer durante una hora al día, pasando por cosas intermedias como mirar televisión en el camino a casa desde el trabajo o jugar videojuegos con regularidad. El primero llegará rápidamente, y cuanto más escribas, más difícil será encontrarlos. No se rinda hasta que haya escrito veinte.

2 - ¿Buenos o malos hábitos?

Con estos 20 hábitos enumerados, déjelos descansar un poco, luego vuelva a su lista y determine si estos hábitos le están haciendo daño o no. Por lo general, todas las prácticas que influyen negativamente en su salud se clasificarán en la categoría "Malos hábitos". Y cualquier patrón que no lo mueva hacia sus objetivos también se incluirá en esta categoría (si no conoce sus objetivos, es hora de comenzar: tome una hoja de papel y enumere sus 10 objetivos principales a corto plazo a largo plazo.

Sin embargo, tenga cuidado de no hundirse en un productivismo excesivo: es costumbre ahorrarse a los jóvenes, ¡y a los grandes! - momentos de placer ajenos a tus objetivos para relajarte. Pero me parece aconsejable clasificar en la categoría "Malos Hábitos" todos los pequeños y grandes placeres que no son neutrales pero que sirven a tus metas ya tu salud. Los cigarrillos definitivamente están en esta categoría. Para actividades como los videojuegos o la televisión, parece preferible determinar un límite de tiempo diario o semanal en el que el hábito neutral pasará a la casilla "malo": así, media hora de televisión al día puede estar bien. Para ti, y una hora no.

3 - ¿Cómo es dañino?

Una vez que se hayan detectado estos malos hábitos, anótelos en una nueva hoja de papel, y escriba al lado cómo le sirven con respecto a su salud y tiempos de sus metas. Esto podría ser, por ejemplo:

- A menudo, bebo demasiadas botellas de cerveza (o alcohol) cuando salgo con mis amigos: es terrible para mi salud a largo plazo, malo para mi billetera y no se ajusta a la imagen de un hombre consumado. Siéntete bien conmigo que quiero ser.

- Como seis cuadritos de chocolate con leche al día: desde que leí, ¿Seremos inmortales? Entiendo que los carbohidratos y las grasas saturadas (que contienen el chocolate con leche) no son adecuados para mi salud.

- Lo mismo ocurre si bebo dos tazas de café dulce al día
- Veo 90 minutos y medio de TV al día: noté que este tiempo se pierde y no me aporta mucho, y me gustaría usarlo para cosas más emocionantes.
- Tiendo a revisar mis correos electrónicos con demasiada frecuencia: desde que leo GTD, sé que esto crea interrupciones y afecta drásticamente mi productividad.
- Etc.

4 - ¿Cómo reemplazar los malos hábitos?

Luego, determine para cada uno de estos malos hábitos lo que le gustaría tener en su lugar: generalmente mejores hábitos para llevarlo hacia sus objetivos. Esto podría ser, por ejemplo:

Bebo demasiadas botellas de cerveza (o alcohol) cuando salgo con mis amigos: me limitaré a dos bebidas alcohólicas como máximo por noche y consumiré más blandas.

Como seis cuadrados de chocolate con leche al día: cambiaré al chocolate negro (mucho mejor para la salud) y reduciré el consumo de mis dos cortes.

También bebo dos tazas de café endulzado al día: en su lugar beberé dos tazas de té verde, sin azúcar.

- veo 90 minutos y medio de televisión al día: voy a limitar la televisión a media hora al día y dedicaré una hora a trabajar en mi objetivo.
- Tiendo a revisar mis correos electrónicos con demasiada frecuencia: solo examinaré mis correos electrónicos dos veces al día, a las 10 a.m. y lo que es más, a las 4 p.m.
- Etc.

5 - El plan de acción para pasar de los malos hábitos a los buenos

Luego, determine un plan de acción para eliminar los malos hábitos y lograr reemplazar los malos hábitos por buenos. Para cada mal hábito, establezca una meta de disminución y reemplazo, y una fecha límite para alcanzarla. Apruebo que empiece poco a poco y vaya desarrollándose gradualmente y, lo más importante, que se concentre en uno o dos hábitos a la vez.

Primero, elija los hábitos que le parezcan más cómodos de cambiar; esto le traerá beneficios rápidamente y le dará la confianza para abordar los malos hábitos que son más difíciles de eliminar. Fue sencillo reemplazar los malos hábitos como el café dulce con té verde sin azúcar: siempre era una bebida caliente con cafeína, y rápidamente disfruté del té. Verde; rápidamente me encantaba beber mi té verde tanto como mi café. Este hábito por sí solo tiene muchos efectos positivos en mi salud (por ejemplo, un estudio reciente encontró que solo poner dos azúcares en su café aumenta un 38% el riesgo de cáncer de colon).

Para los malos hábitos que son más difíciles de reemplazar, tómelos gradualmente. Comience con un pequeño avance para suplantar los patrones de comportamiento negativos. Por ejemplo, en lugar de sentarse frente al televisor durante 90 minutos

6 - Revise sus objetivos y hábitos con regularidad

Revise sus objetivos y hábitos con regularidad, por ejemplo, una vez al mes. Vea si tuvo éxito en alcanzar sus metas. Revise sus nuevas prácticas y detecte las malas que están a punto de implementarse. Si ves que aparece uno, ¡aplástalo inmediatamente! Es mucho más fácil erradicar un mal hábito cuando recién comienza a implantarse que después de un año de práctica: si estás atento a este punto, podrás, con un gasto mínimo de energía, mantener un conjunto de hábitos saludables que te traerán múltiples beneficios, evitando las típicas conductas destructivas.

CAPÍTULO 9

BUENOS HABITOS DIARIOS

Somos criaturas de costumbre. Todo lo que pensamos, decimos y hacemos es el resultado de hábitos profundamente arraigados en nuestra mente durante años y años de comportamiento repetitivo. Son esos mismos comportamientos los que nos ayudan a avanzar o limitar nuestro progreso. La calidad de nuestra vida hoy es un reflejo directo de esos hábitos diarios.

Los hábitos son una parte indiscutiblemente vital e integral de nuestra psicología conductual que da forma a nuestras vidas. Son tan importantes que un estudio determinó que nuestras prácticas dictan aproximadamente el 45 por ciento de todo lo que hacemos en el día. Decir adiós a nuestros comportamientos destructivos y reemplazarlos por buenos no es fácil. Se necesita compromiso, voluntad y un deseo arraigado de conquistar nuestras tendencias aparentemente naturales de pensar, sentir, hablar y actuar de una manera particular.

Claramente, para quienes están completamente comprometidos con cosas como la felicidad y el éxito, los hábitos ofrecen una forma de enriquecer su vida. Asimismo, son las herramientas que utilizamos para automatizar nuestro progreso con respecto a un lado u otro, ayudándonos a lograr nuestras metas y hacer realidad nuestros sueños.

Sin embargo, la mayor parte del tiempo, todavía estamos en la oscuridad. No estamos seguros de nosotros mismos ni de dónde empezar a desarrollar buenos comportamientos. ¿Cuáles son las mejores prácticas para triunfar y ser feliz? ¿Hay algunos mejores que otros, ofreciéndonos algún tipo de receta secreta para lograr los objetivos más valiosos?

¿Cuáles son los principales hábitos a tener en la vida?

Aunque cualquier lista puede parecer subjetiva, 25 hábitos, en particular, no solo lo ayudarán a tener éxito financieramente, sino que también lo mantendrán saludable, feliz y satisfecho con su vida. Concéntrese en estos 25 hábitos y esfuércese constantemente hasta que los incorpore a su rutina diaria, y su progreso e impulso hacia sus objetivos se dispararán con el tiempo.

1. Concéntrese en lo que tiene.

Pasamos mucho tiempo sumidos en nuestros problemas, pero los problemas también son un signo de vida. El único momento en que dejamos de tener problemas es cuando estamos a seis metros bajo tierra. Y si quiere dejar de concentrarse en sus problemas, agradezca lo que tiene, incluidas las preguntas.

La gratitud es el camino más seguro hacia la salud, la felicidad y el éxito porque cambia el enfoque de cómo pensamos de lo que no tenemos a lo que tenemos. Damos por sentado la abundancia natural de los placeres y oportunidades más simples que se nos ofrecen.

2. Sonreír es una buena terapia

Los estudios nos han hecho comprender que las personas que sonríen genuinamente siempre son felices. Este es uno de los mejores comportamientos que te permitirán encontrar la paz emocional, mental y espiritual, gracias al simple hecho de sonreír.

La psicología de nuestro cuerpo dicta la psicología de nuestra mente. Cuando nos encorvamos o nos hacemos pequeños, o cualquier expresión física de depresión e infelicidad, nuestros sentidos captan las señales y las activan en nuestro cerebro. Sin embargo, cuando cambiamos nuestra postura física, nuestros sentimientos hacen lo mismo.

3. Los buenos días comienzan con un desayuno saludable.

El desayuno es una parte esencial de la vida, pero 31 millones de estadounidenses lo omiten todos los días. ¿Y que ese desayuno es la comida más importante del día? Es 100% cierto. Si quiere tener éxito, coma algo nutritivo en el desayuno todas las mañanas.

Este hábito no requiere mucho esfuerzo, solo un poco de planificación. Suponga que continuamente se está quedando sin casa durante la primera parte del día. En ese caso, debería pensar seriamente en levantarse un par de momentos justo a tiempo para asegurarse de tener la oportunidad de fusionar esta extraordinaria propensión en su vida.

4. Bebe agua con limón

Un gran hábito que tiene inmensos beneficios para nuestra salud es beber un vaso de agua con limón todos los días. Se sabe que los limones son una fuente característica del nutriente C. Sin embargo, también incluyen otros servicios como mejorar la digestión y el sistema inmunológico y limpiar y rehidratar su cuerpo. El agua en sí es esencial para eliminar las toxinas de su sistema. Y con el tiempo, este comportamiento también resultará en otras cosas positivas como pérdida de peso, menos inflamación y aumento de energía.

5. Haga ejercicio todos los días.

Uno de los mejores comportamientos en la vida es hacer ejercicio todos los días, sin excepción. Y esto no tiene por qué ser levantar pesas o entrenar para un maratón, sino realizar una actividad física levemente extenuante para oxigenar la sangre y enviar endorfinas a su cuerpo.

No solo te ayudará a sentirte bien físicamente, sino que te sentirás más motivado, tendrás una mayor claridad mental y estarás emocionalmente saludable. El ejercicio libera dopamina, serotonina y oxitocina en nuestro cuerpo, lo que nos da una sensación casi eufórica sin recurrir a ninguna droga.

6. Camine esos 10,000 pasos todos los días

Mucha gente ha oído hablar de los beneficios de caminar al menos 10,000 pasos al día. Aunque, como sociedad, tendemos a no alcanzar ese objetivo. Un estudio que mostró resultados reales de la cantidad de pasos que damos comparó la cantidad de pasos que las personas caminan en diferentes países, como Australia, Japón, Estados Unidos y Suiza.

En promedio, los estadounidenses caminan 5.127 pasos al día. En Suiza, caminan 9.650 pasos; en

Australia, 9,695 y Japón 7,168. No tenemos los números de México, pero algo nos hace suponer que son más indistinguibles a los de Estados Unidos que a los de Australia. Sin embargo, este simple hábito es una excelente manera de resolver nuestros problemas de estilo de vida sedentario. Aléjese más o suba las escaleras siempre que pueda para aumentar la cantidad de pasos que da cada día.

7. Suplementos con vitaminas y minerales

Como cultura, nos equivocamos al consumir vitaminas y minerales a través de los alimentos que consumimos. Azúcares refinados y preparados, carbohidratos y diferentes nutrientes que establecen nuestra ayuda dietética agravan este problema. No consumimos los suplementos que nuestro cuerpo necesita.

Encuentre un arreglo decente de vitaminas y minerales que pueda tomar todos los días. Es fácil ignorar este hábito. Sin embargo, sentirás el bienestar a raíz de aplicarlo día a día, durante bastante tiempo es enorme. Además, ese efecto puede mejorar nuestras vidas al brindarnos claridad mental, emocional y física.

8. Maneje su tiempo en cualquier caso de la misma manera que maneja su efectivo.

Un hábito esencial para el éxito en cualquier cosa que haga en la vida es manejar su tiempo de manera viable. Lo bien que maneja el corto período que tiene dice mucho sobre lo que puede lograr. Además, considerando que tenemos una cantidad de tiempo similar en este mundo, la forma en que explote estos recursos decidirá su capacidad para tener éxito.

Encuentre un sistema de sonido para administrar su tiempo e implementarlo. Esto no es tan difícil, pero requiere un esfuerzo constante y consciente. Sin embargo, una vez que este hábito se haya materializado en tu rutina diaria, prácticamente podrás hacerlo todo, y no habrá ningún objetivo que parezca demasiado grande para ti.

9. Objetivos diarios, todos los días

La mayoría de la gente tiene metas. Ya sea personal o empresarial, todos nos estamos moviendo en una dirección planificada. Sin embargo, mientras que las metas a largo plazo nos dan consejos, las metas diarias nos permiten crear hitos a corto plazo que dan forma a nuestro éxito.

Las metas a largo plazo pueden ser abundantes, pero si implementa el hábito de seguir las estrategias diarias, puede hacer frente a la enormidad de las metas de la vida centrándose en escenarios a corto plazo y acciones del día a día.

10. Busca inspiración

Es difícil mantenerse motivado por mucho tiempo. Cuando ocurren cosas en la vida que nos sacuden o nos tiran al camino, nos desanimamos. Sin embargo, probablemente la forma ideal de mantenerse motivado es buscar inspiración día a día.

Lea, vea videos y motívese con otras personas que han logrado sus sueños. Anthony Robbins lo llama "tu hora de poder", pero puedes invertir todo el tiempo que necesites. La inspiración es el camino al éxito porque lo que la mente puede pensar, lo puede lograr.

11. Ahorre e invierta sabiamente de forma constante

Ninguna lista de hábitos está completa sin alguien, incluidos algunos ahorros e inversiones. A veces nos olvidamos de por qué necesitamos ahorrar para el futuro al estar tan concentrados en vivir el momento.

Pero no se trata solo de ahorrar; también tienes que invertir sabiamente el dinero que ahorras. Mientras más atención preste a esto ahora, más éxito financiero tendrá en el futuro. También debe asegurarse de tener al menos seis meses de ingresos ahorrados para cualquier imprevisto que pueda surgir.

12. Tenga un presupuesto y controle sus gastos

Benjamin Franklin dijo una vez: "Preste atención a los pequeños gastos porque una pequeña fuga puede hundir todo el barco". Los pagos pequeños son fáciles de ignorar, pero tienden a acumularse, especialmente cuando nos quedamos sin presupuesto. Asegúrese de administrar todos sus gastos.

Cuando se trata de comportamientos financieros sólidos, este es uno importante que conducirá al éxito económico futuro. El dinero que ahorra en gastos frívolos o inútiles se puede guardar para su uso posterior. No ignore el futuro por intentar aprovechar el presente.

13. Nunca dejes de aprender

Edúquese y aprenda algo nuevo día a día. Comprométase a aprender y mejorar su vida, ya sea aprendiendo nuevas habilidades o mejorando las que ya tiene. Desde nuevos lenguajes hasta lenguajes de programación, concédase suficiente tiempo todos los días para aprender algo nuevo.

Ya sea que elija aprender algo con un curso en línea, a través de un audiolibro o leyendo un artículo, o mirando un tutorial en YouTube, e incluso a través de una charla TED, el beneficio de implementar este hábito es primordial. Encuentre cosas que valgan la pena aprender y dedique un poco de tiempo cada día.

14. Ordena todo

El desorden físico resulta en falta de atención. Es difícil concentrarse en nuestras metas cuando nuestras vidas son un desastre. Tómese el tiempo para ordenar su hogar y su oficina y haga algo todos los días para reforzar este hábito. Empiece por un cajón y organícelo, en un rincón de su casa o en un simple armario de su oficina.

Los beneficios de este hábito fueron resaltados por un estudio en el Journal of Neuroscience titulado: "Interactividad de los mecanismos de arriba hacia abajo y de abajo hacia arriba en la corteza visual humana" que dice que "poseer múltiples impulsos presentes en el campo visual compite por la representación neuronal suprimiendo mutuamente su actividad evocada a través de la corteza visual ". En español: el trastorno en sí conduce a una falta de concentración.

15. Levántate temprano

Mientras el mundo duerme, las primeras horas de la mañana son un momento para la reflexión y la productividad, lo que le permite concentrarse por completo en sus objetivos a largo plazo. Cualquiera que quiera tener éxito sabe que levantarse temprano es fundamental.

Si no eres de los que se levanta temprano, realiza cambios graduales en tu rutina para levantarte cada vez más temprano. Empiece por configurar su alarma 25 minutos antes durante una semana, y a la siguiente, póngala otros 20 minutos más primero, y sin darse cuenta, podrá despertarse 2 horas antes de lo que estaba acostumbrado.

16. Sea generoso con su tiempo y dinero

En nuestra búsqueda del éxito, es típico que ignoremos a los demás. Dejamos de aportar algo de valor significativo a nuestros semejantes. Además, esto no tiene que ver con la donación; sin embargo, al contribuir con su tiempo, que es sustancialmente más valioso que el dinero, cambie su punto de vista de una condición de carencia a un estado de abundancia.

Somos propensos a pasar mucho tiempo en nuestras vidas ansiosos y preocupados. Pero cuando pones en práctica la actitud de contribuir con los demás, rápidamente puedes aliviar tus preocupaciones, e incluso tus problemas, al darte cuenta de la necesidad de ayudar a los demás. Las personas que más contribuyen a otras personas son las que terminan teniendo más éxito.

17. Haga crecer su red de contactos en busca de alguien que le ayude

En este mundo, no todo tiene que ver con lo que sabes. Necesitamos que otros tengan éxito, y las personas que conoces son fundamentales. Pero la creación de redes no se trata solo de eliminar nombres; se trata de buscar formas de ayudar y agregar valor a la vida de los demás.

Las personas mejor conectadas del mundo son las más exitosas. Pero no solo se enfocan en ellos; buscan formas de ayudar a los demás sin pensar en lo que pueden recibir a cambio. Así es precisamente como ocurren las mejores relaciones del mundo.

18. Enfréntate a tus miedos

Pasamos demasiado tiempo inmersos en el medio. Esos escenarios devastadores se presentan en nuestras mentes en cualquier momento. Estamos tan nerviosos y preocupados por el futuro que nos olvidamos de disfrutar el presente; el miedo está tan arraigado en nuestra mente que limita nuestro progreso.

Conquistar sus miedos es posiblemente una de las actitudes más cruciales que puede desarrollar. Adopte el comportamiento de hacer una cosa todos los días que lo haga sentir incómodo. Habla con un extraño, hazle un cumplido o cuéntale a alguien las cosas que te hacen sentir incómodo.

19. Mejor actuar ahora que después

Empieza a funcionar. Es un cliché que hemos escuchado repetidamente, pero muchos de nosotros todavía no lo ponemos en práctica. Hacemos lo contrario: postergamos. No hacemos las cosas por muchas razones, lo que limita nuestro progreso y nuestra capacidad para lograr cualquiera de las metas que nos hemos propuesto.

La forma más excelente de superar la procrastinación es mediante la regla de los 15 minutos. Tome lo que ha estado posponiendo, configure el temporizador de su teléfono celular en 15 minutos y luego comprométase durante esos 15 minutos a hacer la tarea que tiene que hacer. ¿Por qué 15 minutos? Primero, porque destruye el ciclo de inacción, y segundo porque, después de 15 minutos, ya tienes suficiente impulso para seguir y seguir sin parar.

20.Haga un plan y cúmplalo

A lo largo de la historia, tener un proyecto ha sido fundamental para cualquier emprendedor (persona) exitoso. Independientemente de lo que desee de la vida, necesitará metas a largo plazo y estrategias diarias para lograrlas, pero debe seguir un plan detallado que cree sobre la marcha.

Sin un plan, es más cómodo para nosotros fracasar. Sin entender cómo llegaremos del punto A al punto B, el camino se vuelve difícil. Pero cuando se adhiere a un plan y registra su progreso, hacer ajustes cuando sea necesario eventualmente logrará sus metas.

21. Pensamientos positivos, pensamiento positivo.

Lo bueno atrae más cosas buenas. Cuando pensamos negativamente, concentrándonos demasiado en lo malo, atraemos cosas negativas a nuestra vida. Por el contrario, cuando nos sentimos positivos, sacamos lo positivo. Es difícil ser optimista todo el tiempo y, en general, nuestra naturaleza tiende a esperar escenarios negativos.

Sin embargo, el razonamiento positivo es uno de los caminos más seguros hacia el éxito. Ignora a las personas que te dicen que no puedes y que dudan de tu capacidad, y lucha por las cosas que amas con optimismo. Todo se reduce al impulso. Piense en positivo el tiempo suficiente y verá que las cosas buenas comienzan a suceder.

22. Tómate un tiempo para ti

Uno de los hábitos que menos tenemos en la vida es disfrutar del tiempo de descanso o para nosotros. Haga algo que le guste hacer todos los días, sin importar lo poco que sea. No todas las cosas tienen que ver con los logros y el éxito; En caso de que hagas algo pequeño que te guste, introducirás un sentimiento de verdadera serenidad que te ayudará a concentrarte en tu identidad interna.

Independientemente de si sintoniza su música favorita a todo volumen, pasea por el centro recreativo, conduce por una carretera que le gusta, mira una película o cualquier otra cosa que necesite, simplemente asegúrese de tener un momento del día para usted mismo, todos los días.

23. Leer

Ya sea que lea el periódico, las noticias económicas, una novela, un libro de autoayuda o lo que quiera, pero encuentre tiempo para hacerlo. La lectura es un hábito esencial en la vida y no debería quedarse solo con audiolibros o películas. Leer, a la manera tradicional, es excelente.

Una tarea como Leer le ayuda a descubrir nuevos mundos, ideas o formas y hacer cosas que no se le habrían ocurrido de otra manera, además de ser una excelente manera de educarse y entretenerse en cualquier momento.

24. Valora el sueño

Si bien levantarse temprano es esencial, también es necesario dormir lo suficiente. Encontrar ese delicado equilibrio puede ser difícil, especialmente si tienes hijos o tienes dos trabajos o algún otro compromiso. No obstante, si te preocupas lo suficiente por tu bienestar y logros futuros, pasarás al menos 6 horas de descanso continuo.

Si tiene mucho tiempo para quedarse dormido, asegúrese de no beber café o alcohol antes de acostarse. Además, en caso de que fume o consuma un exceso de azúcar o algún otro tipo de toxinas durante el día, será más difícil descansar en un tiempo razonable. Deseche esas toxinas de su práctica diaria para que pueda obtener lo que su cuerpo necesita.

25. Lleva un diario

Redactar sus consideraciones es un método extraordinario para reflejar su identidad y lo que ha estado haciendo en su vida. El tiempo pasa tan rápido que tendemos a olvidar los detalles de lo que hicimos hace un par de meses. Pero recordar esos detalles aporta claridad y propósito a nuestras vidas, recordándonos las lecciones y las alegrías que hemos tenido.

Adquiera el hábito de anotar sus pensamientos a diario y de documentar sus experiencias. Interseccione con sus objetivos, expectativas y sueños, componiendo cómo ve su vida más adelante, y luego vuelva a examinar lo que ha escrito para recordar ese sentimiento. Este es un excelente método de autorreflexión y una forma poderosa de motivarte e inspirarte para seguir adelante.

Cómo empezar

¿Cuántas de estas propensiones hay ahora en su vida? ¿Existen patrones de comportamiento negativos que podrían estar restringiéndote? Los patrones de comportamiento negativos pueden impedir nuestro avance y transformarlos no es sencillo. No obstante, se trata de impulso. Todo se reduce a unos pocos pasos que puede aumentar diariamente para ayudarlo a construir la colección de hábitos que lo hacen lograr lo que su corazón desea. Los patrones anteriores son algunos de los mejores hábitos para tener en la vida. ¿Con cuántos estás dispuesto a comprometerte?

CAPÍTULO 10

EL CAMINO MARCIAL

La puesta en movimiento del cuerpo de forma marcial. ¿Sientes que no estás progresando? ¿Eres constante en el entrenamiento? Hacerse esta segunda pregunta después de la primera puede ser un excelente comienzo para especificar la razón de su falta de evolución.

Las artes marciales son tan exigentes en este punto como cualquier otra disciplina física. Nuestros sistemas también se denominan "disciplinas", principalmente porque cualquier progresión que pretendamos desarrollar, el arte requerirá una dosis significativa de lo que significa toda esta palabra.

¿Qué entendemos por adherencia? Algunos pueden haber pensado que el título de la entrada se refiere al trabajo de compromiso (Nian, 粘) típico de estilos como el Taijiquan; sin embargo, esta vez nos referimos a un concepto de adherencia diferente, uno más utilizado en el campo de la educación física.

Aunque existen muchas definiciones diferentes, el significado central de este concepto tiene que ver con el cumplimiento de las tareas formativas y la implicación y práctica prolongada de nuestro estudio en el tiempo. Este compromiso del deportista, o del artista marcial en nuestro caso, se puede resumir en nuestra perseverancia de alguna manera, en sesiones, a lo largo de los años.

No hay avance sin disciplina. No hay avance sin duración. No hay avance sin profundidad, y no hay avance sin la inteligencia para descubrir los cambios que ocurren en nuestra estructura cuando entrenamos. Estos cambios pueden convertirse en los factores que ralentizan el desarrollo personal a través de la práctica, los complementos de la dinámica de progresión y nuestra respuesta a la motivación, entusiasmo, expectativas, ideas, voluntad y conciencia.

"La calidad no es un acto, sino un hábito" - Aristóteles.

No podemos hablar de adherencia a la práctica cuando solo dedicamos un par de horas a la semana al entrenamiento. No es una crítica, pero no hay garantía de progresión en el aprendizaje o desarrollo de habilidades a niveles profundos con un porcentaje de tiempo tan corto y en sesiones de práctica tan separadas. Indudablemente, todas las bases de entrenamiento serán interferidas por muchas razones

191

adicionales. Uno de los fundamentales será el del corto tiempo dedicado a lo que llamamos práctica marcial, que implica el estudio teórico y práctico del sistema.

Si queremos progresar y desarrollar un alto nivel de aptitud marcial, tenemos que lograr un nivel óptimo de adherencia a nuestro entrenamiento; tenemos que desearlo, sentirlo, buscarlo y promover todo aquello que pensamos que lo consolida.

Veamos algunas de las claves para lograr este objetivo:

1. Consolide su asistencia para practicar, lo desee o no.

Recuerda que haces esta actividad por tu propia voluntad. Tu decisión de ponerlo en marcha responde a una necesidad, a un objetivo que te propusiste por algún motivo. No olvides esa razón y comprendas que el camino hacia la consecución de las metas no siempre es un camino de rosas. La peor sesión de entrenamiento de tu vida sigue siendo mejor que perder el tiempo viendo la televisión o descansando sin ningún motivo real. Usted decide si busca inactivo o espera en pasivo.

2. Valore su práctica.

Vivimos en una comunidad que sobrevalora el resultado pero apenas apunta al valor del proceso. Nos enfocamos exclusivamente en el logro, en lo que hacemos mejor que el resto. Esto no es peor, pero debe ser un sentimiento profundo, nacido de tu convicción de que lo que haces mejora porque te aplicas al máximo en un proceso que implica esfuerzo, dedicación, concentración, paciencia y mucha disciplina.

3. Coloca la disciplina como uno de los pilares que consolidan tu carácter marcial.

Cuando nos proponemos algo y dejamos de hacerlo, una parte de nosotros identifica esta situación como algo que nos hace merecedores de desconfianza. Cuando dejamos de tener confianza en nosotros mismos, comenzamos a culpar a nuestras discapacidades o nuestra mala suerte. Probablemente, entonces empezaremos a lanzar pelotas y pensar que el estilo no funciona, que nuestro maestro no está bien, que las artes marciales no tienen sentido o que otros sistemas pueden responder mejor a nuestras expectativas. No confunda el pensamiento crítico con criticar las cosas sin antes explorar profundamente sus niveles de participación y disciplina en la práctica.

4. Vincula la práctica a tu vida.

Conviértelo en un motor de motivación para la lucha que la vida te exige. Ya sea profesional o personal, cualquier objetivo que nos propongamos requerirá una actitud decidida y tenaz para conseguirlo. Tener el referente de nuestra solidez en la práctica, nuestra constancia, y la filosofía de no flaquear en el esfuerzo es una ayuda invaluable en esta sociedad exigente y compleja.

5. Recompénsese.

Tienes que valorar tu esfuerzo, asumir que lo haces, y con ellos superas la pereza, que no es excesiva, y que gracias a ello consigues lo que quieres. La mejor manera de valorarte a ti mismo es recompensarte de una manera significativa. Marca periodos gratificantes sin ausencias y márcalos con una cena especial, con una reunión, con la compra de un libro, o cualquier cosa que suponga algo de valor para ti. A veces, un simple paseo por la playa en una mañana de otoño tiene tanto peso como cualquier regalo físico.

6. Comparta con otros.

El valor de nuestro esfuerzo y la motivación para seguir haciéndolo es mucho mayor cuando lo compartimos con alguien como nosotros, con alguien que entrena como nosotros, con alguien que entiende lo que hacemos y que participa de alguna manera, directa o indirectamente, en el proceso. de entrenamiento. En las clases siempre estamos cerca de personas que comparten nuestra visión de la práctica y con quienes quizás solo podamos compartir eso en exclusiva. No pierda la oportunidad de hacerlo y disfrute compartiendo sus inquietudes, desafíos, progreso y soluciones únicas a los problemas que la práctica le pone por delante.

7. Establezca metas.

Si quieres progresar, debes conocer la dirección del progreso y las estaciones en el camino. Establece estas estaciones en función de sus expectativas, deseos o voluntad de progresar. Los objetivos a largo plazo deben tener satélites más cercanos que le permitan vislumbrar el progreso. No descartes razones, incluso pequeñas cosas como aumentar nuestra flexibilidad para mejorar nuestras patadas, conocer en profundidad una técnica específica, conseguir un input de combate menos emocional, potenciar el rendimiento físico durante la sesión, o pasar una nota con un nivel óptimo de competición. . Si eres un competidor, convierte las batallas en estas estaciones de motivación adicionales para aumentar la adherencia con la práctica.

8. Lleve un diario de práctica.

Llevar un diario de prácticas es una excelente herramienta para mejorar el aspecto cualitativo de la formación. Aún así, también es un punto de referencia propio que nos permite ver nuestro progreso, establecer nuevos desafíos y observar la práctica desde muchas perspectivas diferentes. Si eres estudiante de nuestra escuela, recuerda que puedes solicitar una copia de nuestro Diario de Práctica Marcial por correo.

9. Exprese sus dudas.

A veces, el viaje en solitario genera un gran volumen de problemas que nadie resuelve. Cuando la carga de problemas es alta, es probable que veamos nuestro objetivo como una tarea inaccesible. Confía en tu profesor y explícale lo que no te conviene, tus preguntas esenciales relacionadas con la formación, y valora tranquilamente sus respuestas para ver si puedes ver lo que haces desde un ángulo más motivador, si puedes desterrar tus dudas o si puedes aclarar el razones reales que las subyacen.

10. Inspírate con los grandes.

Caminamos sobre los hombros de gigantes. Basta leer la biografía de cualquier gran maestro para ver su determinación por perseguir la excelencia en el arte, su inquebrantable deseo de progreso, conocimiento y compromiso con un legado recibido. Las artes marciales son un ser vivo cuya esencia es un camino ininterrumpido de grandes maestros que se comunican entre sí durante cientos de años. Recuerda que eres parte de esa línea de transmisión, de esa tradición que tiene sus raíces en los mismos orígenes de la sociedad, y que parte de tu esfuerzo, tu trabajo y el desarrollo de tu práctica tiene mucho que ver con quienes la dan. para ti. Legaron, y con aquellos a quienes tendrás que transmitir lo que te ha enseñado la vida marcial.

CAPÍTULO 11

ESTILO DE VIDA Y NUTRICIÓN

El estilo de vida es el hábito de la vida o forma de vida, que se refiere a las acciones diarias que realizan las personas, algunas no saludables. Se concibe como la unidad de lo social y lo individual; realiza la personalidad en la práctica social diaria, en la solución de sus necesidades. Los procesos sociales determinan esto, tradiciones, hábitos, conductas y comportamientos de los individuos y grupos de población que conducen a la satisfacción de las necesidades humanas para lograr la calidad de vida.

En epidemiología, el estilo de vida, hábito de vida o forma de vida es un conjunto de comportamientos o actitudes que las personas desarrollan, que en ocasiones son saludables y perjudiciales para la salud. En los países desarrollados, los estilos de vida poco saludables provocan numerosas enfermedades. 6 Dentro del triángulo epidemiológico causante de la enfermedad, se incluiría dentro del factor huésped. Entre los factores relevantes están:

- Consumo de sustancias tóxicas: tabaco, alcohol y otras drogas.

198

- Ejercicio físico.
- Sueño nocturno
- Conducir vehículos.
- Estrés.
- Dieta (alimentación).
- Higiene personal.
- Manipulación de alimentos.
- Actividades de ocio o aficiones.
- Relaciones.
- Medio ambiente.
- Comportamiento sexual.

En los países desarrollados, existe la paradoja de que los estilos de vida de su población producen la mayoría de las enfermedades, y sin embargo los recursos sanitarios se desvían al propio sistema social (Sistemas de salud) para intentar curar estas enfermedades, en lugar de destinar más recursos económicos a la promoción. de salud y prevención de enfermedades.

Nutrición

La nutrición es la ciencia que revisa los ciclos fisiológicos y metabólicos del cuerpo con la ingesta de alimentos. Muchas enfermedades frecuentes y sus efectos secundarios pueden prevenirse o aliviarse con frecuencia con un régimen alimenticio particular; Así, la ciencia de la nutrición intenta comprender los aspectos dietéticos específicos que influyen en la salud.

La razón por la que la ciencia de la nutrición es explicar la respuesta metabólica y fisiológica del cuerpo a la dieta. Con la mejora en biología molecular, bioquímica y genética, la ciencia de la nutrición se enfoca en estudiar el metabolismo, investigando la relación entre la dieta y la salud a partir de procesos bioquímicos. El cuerpo humano está hecho de una mezcla química como agua, aminoácidos (proteínas), ácidos grasos (lípidos), ácidos nucleicos (DAN / ARN) e hidrosilicatos. (por ejemplo, azúcares y fibra).

Una dieta adecuada es aquella que cubre:

- Se necesita energía a través del metabolismo de nutrientes como carbohidratos, proteínas y grasas. Estas energías vitales están relacionadas con el gasto metabólico basal, el gasto en actividad física y el gasto inducido por la dieta.
- Necesidad de micronutrientes no energéticos como vitaminas y minerales.
- La correcta hidratación se basa en el consumo de bebidas, principalmente agua.
- Ingesta suficiente de fibra dietética.

Tipos De Nutrición En Los Seres Vivos

Las plantas son organismos autótrofos.

➤ **Nutrición autótrofa:** Lo llevan a cabo los organismos que producen su alimento. Los seres autótrofos son organismos capaces de sintetizar sustancias esenciales para su metabolismo a partir de sustancias inorgánicas. Autótrofo proviene de uno mismo: 'propio', 'por uno mismo' y -trophe 'que se alimenta'; por lo que significa "autoalimentación".

Los organismos autótrofos crean su masa celular y materia orgánica a partir del dióxido de carbono como única fuente de carbono, utilizando luz o productos químicos como fuente de energía. Las plantas y muchos organismos que utilizan la fotosíntesis son fotolitoautótrofos; Las bacterias que utilizan la oxidación de mezclas inorgánicas como el dióxido de azufre o los compuestos ferrosos para la producción de energía se denominan quimiolitótrofos.

➤ **Nutrición heterotrófica:** Lo llevan a cabo aquellos organismos que necesitan de otros para vivir. El término heterótrofo proviene de hetero- "otro", "desigual", "diferente" y "que se alimenta";

por lo que significa 'que se alimenta de otros'. Por tanto, los organismos heterótrofos (a diferencia de los autótrofos) deben alimentarse de sustancias orgánicas sintetizadas por otros organismos, autótrofos o heterótrofos, a su vez. Los organismos heterótrofos incluyen animales, hongos y la mayoría de las bacterias y protozoos.

Los seres heterótrofos dependen de los autótrofos ya que aprovechan su energía y la materia que contienen para formar moléculas orgánicas complejas. Los heterótrofos obtienen energía al descomponer las moléculas de los seres autótrofos que han comido. Incluso los animales carnívoros dependen de los seres autótrofos porque la fuerza y la composición orgánica que obtienen de sus presas provienen en última instancia de los seres autótrofos que se comieron sus presas.

Según el origen de la energía que utilizan los organismos heterótrofos, se pueden dividir en:

- **Fotoorganótrofos:** estos organismos fijan la energía de la luz. Constituyen un pequeño grupo de organismos que comprenden la bacteria púrpura y la familia de las pseudomonas. Solo realizan síntesis de energía en presencia de medios deficientes en oxígeno y luz.

- **Quimioorganótrofos:** utilizan energía química extraída directamente de la materia orgánica. A este grupo pertenecen todos los miembros del reino animal, todo el reino de los hongos, gran parte de los minerales y las arqueobacterias.

Los heterótrofos pueden ser de dos tipos fundamentales: consumidores o saprótrofos y descomponedores. Los autótrofos y los heterótrofos se necesitan mutuamente para existir.

Calidad De Vida

La calidad de vida está relacionada con los siguientes aspectos:

- Satisfacción en las actividades diarias.
- Satisfacción de necesidades.
- Consecución de metas de vida.
- Autoimagen y actitud ante la vida.
- Participación de factores personales y socioambientales.

Estilos de vida que afectan la salud

- Consumo de sustancias tóxicas: tabaco, alcohol y otras drogas.
- Estilo de vida sedentario, falta de ejercicio.
- Insomnio.
- Estrés.
- Dieta desequilibrada

- Falta de higiene personal.
- Manipulación incorrecta de alimentos.
- No realice actividades de ocio o aficiones.
- Falta de relaciones interpersonales.
- Contaminación ambiental.

Estilos de vida saludables

Algunos estilos de vida saludables que se deben tener en cuenta para lograr la calidad de vida deseada son:

- Tener sentido de la vida, metas de vida y plan de acción.
- Mantener la autoestima, el sentido de pertenencia y la identidad.
- Mantener la autodeterminación, la autogestión y las ganas de aprender.
- Brindar afecto y mantener la integración social y familiar.
- Promover la convivencia, la solidaridad, la tolerancia y la negociación.
- Cuidados personales.
- Tener acceso a la seguridad social en salud.
- Controlar factores de riesgo como la obesidad, el sedentarismo, el tabaquismo, el alcoholismo, el abuso de drogas, el estrés y algunas patologías como la hipertensión y la diabetes.

- Realizar actividades en el tiempo libre y disfrutar del ocio.

Los Estilos De Vida De Las Personas Felices

Comer bien, hacer deporte, relajarse, disponer de tiempo para el ocio, etc., repercute en nuestro bienestar. Pero, ¿cuáles son los estilos de vida que nos hacen más felices? En las siguientes líneas te las explicamos.

1. **Atención plena:** Este es un estilo de vida basado en el principio budista de atención plena, en el que se observan cuidadosamente todas las experiencias internas y externas que provocan cualquier actividad en la vida. Comer, caminar a cualquier lugar, hacer ejercicio, en fin, que todo lo que hagas deje de ser "automático" y que te coloques en el aquí y ahora para disfrutarlo plenamente. Mindfulness es un estilo de vida que cada vez más personas practican para llevar una vida más feliz.

2. **Saludable:** Aquí incluimos muchos comportamientos, hábitos e incluso apariencias. Este estilo de vida es un todo, ya que llevar una vida sana requiere muchos cambios y muchas elecciones en cuanto a prácticas transformadoras. Una dieta saludable, hacer ejercicio a diario, dejar los hábitos nocivos, cuidar la apariencia del cuerpo,

la piel, el cabello, la salud dental, no excesos, practicar técnicas de relajación y tener siempre una actitud positiva. Con esto, puedes mantener alejadas las enfermedades y las "malas vibraciones" en general.

3. **Minimalista:** El nombre lo dice todo, pero se trata de minimizar las pertenencias en general, desde la cantidad de ropa, complementos, objetos de todo tipo, juguetes, muebles, decoración, colores, productos de belleza y cuidado, autos, hasta lo que guardas en tu despensa. El objetivo es tomar conciencia de que no necesitas tener mucho para llevarlo tranquilo y feliz. Sabemos que todo se puede llevar al equilibrio o al extremo. Aunque el objetivo es muy positivo, hay alguien que lo lleva al extremo de quedarse con tres pertenencias en su vida. Sin embargo, no es necesariamente el mejor; en cambio, requiere aprender a dejar ir todo lo que no nos hace completamente felices.

4. **Consumo consciente:** Esta tendencia no podía quedarse atrás; estamos en el momento de darnos cuenta de la huella que dejamos a nuestro paso. Este estilo de vida propone vivir para reducir el impacto del consumo excesivo y preferir vivir para generar menos desperdicio o desperdicio, usar

vidrio en lugar de plástico, comprar vintage en lugar de nuevo, y todo lo que se pueda hacer con este objetivo. También incluye que empresas y empresas modifiquen sus líneas de producción en base a esta misma conciencia.

5. **Vida basada en plantas:** No se trata solo de comer más verduras, sino también de utilizar productos para el cuidado de la piel a base de plantas, artículos de moda (como textiles y calzado), envases, envases y más. Esto está ligado al hecho de concienciar sobre el consumo excesivo de productos de origen animal. Es un hecho que tener una dieta rica en plantas tiene sus beneficios y detendrá los agentes degenerativos en nuestro organismo, por lo que no es mala idea aplicarla a otros ámbitos de la vida.

Estrategias que puede implementar para llevar un estilo de vida saludable:

Con las contribuciones de un nutricionista y de la OMS, estas son algunas recomendaciones para ayudarlo a alcanzar su objetivo de un estilo de vida saludable:

- **Comer bien:** Es fundamental consumir de todos los grupos de alimentos la calidad y cantidad insuficiente, lo que permite cubrir las necesidades nutricionales y que el organismo funcione de manera óptima. La OMS aconseja y destaca la importancia de incluir diariamente proteínas, frutas, verduras, grasas saludables, etc. En este tema, su profesional de la nutrición puede ayudarlo a comer de manera segura y responsable.

- **Hacer ejercicio a diario:** La actividad física regular confiere diferentes beneficios para la salud, entre otros, la prevención de enfermedades crónicas, como diabetes, hipertensión u obesidad, a sumar sus efectos esenciales en la salud mental y emocional, calidad del sueño, prevención de caídas, fracturas, y otros.

En la cartilla 'Recomendaciones mundiales sobre actividad física para la salud', la Organización Mundial de la Salud recomienda para adultos de 18 a 64 años, acumular un mínimo de 150 minutos por semana de actividad física aeróbica moderada, o 75 minutos de actividad física aeróbica vigorosa cada semana., O una combinación de los dos. Entre las opciones se incluyen caminar, andar en bicicleta, bailar y algunas áreas domésticas.

- **Evitar sustancias tóxicas como el tabaco y el alcohol:** en la actualidad, los efectos negativos de estas sobre la salud han sido ampliamente estudiados y forman parte de las principales causas en la aparición de ciertos tipos de cáncer. Entonces, absténgase de consumirlos.

- **Mantener un equilibrio mental:** se refiere al bienestar emocional y psicológico. Algunos signos como el estrés, el cansancio, la ansiedad son un signo de que el estado mental no es del todo saludable, por lo que se debe buscar ayuda para aprender a llevar una vida tranquila, a tomar las mejores decisiones ante los problemas y a recibir terapia cuando sea necesario. Se requiere, de tal manera que te permita orientar el rumbo de tus relaciones o decidir cambiar de trabajo o incluso organizar tu tiempo para que haya espacio para compartir en familia, socializar y descansar.

- **Duerma y descanse lo suficiente:** La Academia de Medicina del Sueño de los Estados Unidos (AASM) y la Academia Estadounidense de Pediatría (AAP) aconsejan, para tener una vida sana, que los adultos duerman entre 8 y 10 horas, aunque esto puede variar en En cada caso, es decir, habrá adultos que con seis horas sientan que han descansado y recuperado energía y otros que necesitan 9.

CAPÍTULO 12

LA MENTE

Antes de hablar de la mente en sí, tenemos que conocer el significado de lo que el cerebro se considera el soporte físico a través del cual se objetivan y expresan las funciones de la mente según su conciencia. La mente puede pensar, razonar, organizar ideas, crear relaciones entre ellas y ver más allá de los sentimientos.

En psicología, la mente ha sido considerada una dimensión compleja que comprende un conjunto de capacidades intelectuales de una persona y un poder inteligente del alma, que realiza funciones de percepción, pensamiento, conciencia y memoria. Su concepto incluye el conjunto de actividades y procesos, tanto conscientes como inconscientes, de carácter psíquico, como la percepción, el razonamiento, el aprendizaje, la creatividad, la imaginación o la memoria. La mente es lo que nos permite tener conciencia subjetiva. Como tal, no ocupa un lugar físico; por tanto, es un concepto abstracto. Generalmente se asocia con el cerebro, que es el órgano en el que tienen lugar estos procesos, pero se diferencia de él en que, si bien la mente es estudiada por disciplinas como la psicología y la psiquiatría,

La mente humana

Toda la creación del ser humano es producto del pensamiento, y estos surgen de la mente como impulsos creativos que se manifiestan de manera organizada para producir una expresión creativa. Cabe aclarar que este poder está ubicado en el cerebro, pero abarca todo el cuerpo hasta cada una de nuestras células. Se puede decir que todo en la naturaleza tiene el mismo poder organizador de la inteligencia creativa. El conocimiento del 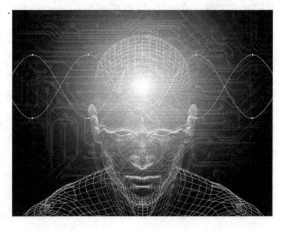 hombre tiene una estructura de pensamiento que capta el Universo con conciencia, y así es como tenemos que conocerlo.

Por eso, se dice que una persona tiene la mente abierta cuando es más flexible y comprometida con los demás, con sus ideas y opiniones, cuando está interesado en aprender y experimentar cosas nuevas,

211

esto sucede cuando no tiene problemas en abandona su zona de confort y siempre está dispuesto a hacer o ver las cosas de manera diferente. Lo opuesto a una mente abierta es una mente cerrada; en general, las personas de mente cerrada son las que evitan salirse de los parámetros sociales, lo establecido; que son inflexibles en sus ideas y opiniones, que no quieren o no les interesa conocer o experimentar cosas nuevas, que temen el cambio o la diferencia.

En conclusión, la mente humana participa de los aspectos cognitivos y el ser humano como su pensamiento de la realidad que lo rodea.

Como Funciona La Mente

La mente es el nombre más común que se le da al fenómeno emergente responsable de la comprensión, la creación de pensamientos, la creatividad, el aprendizaje, el razonamiento, la percepción, la emoción, la memoria, la imaginación, la voluntad y muchos otros. Habilidades cognitivas.

Es un concepto excesivamente complejo de entender. Sin embargo, aunque aún hoy, en pleno siglo XXI, su funcionamiento sigue siendo un completo desconocido para la ciencia, intentaremos arrojar algo de luz sobre este campo tan importante para el ser humano.

¿Cómo Funciona Nuestra Mente?

Nuestra mente funciona reaccionando a causas externas. Responde a todo lo que vemos, oímos, olemos o tocamos; antes de todo este movimiento, antes de todas estas experiencias.

Posteriormente, estas reacciones internas son interpretadas por el yo, el ego y una historia de experiencias. Por tanto, son solo reacciones mecanicistas, de defensa, para su supervivencia. Por lo tanto, no usamos la mente conscientemente. El ego dirige nuestra vida a través de él. Por lo tanto, podemos presentar tantas formas de pensar como existe dentro de nosotros.

Interrelación Con El Cerebro

La mente integra varios poderes cerebrales, lo que nos permite recopilar información, razonar y concluir.

Nuestra actividad mental tiene tres tipos de procesos: consciente, inconsciente y procedimental. También incluye características, no funciones intelectuales y emocionales.

Los estudios de laboratorio sugieren que la mente es el resultado de la actividad del cerebro, ya que podemos ubicar la actividad de pensamiento del individuo en regiones específicas, como el hipocampo.

Entonces ... ¿El Cerebro Y La Mente Son Lo Mismo?

La respuesta es no. Una cosa es el cerebro, el encéfalo y otra la mente. Por tanto, este último no es el cerebro, sino la interacción entre el cerebro y el medio ambiente.

No hay cerebro; de hecho, los individuos completamente aislados acaban muriendo prematuramente. Sin interacción, no hay ser humano ya que es una entidad fundamentalmente social, por lo que virtualmente 'interactúa' (no podemos encontrar otra expresión) con el entorno.

Por tanto, la actividad mental en sí misma es el surgimiento de la actividad cerebral sobre el entorno. Por lo tanto, la mente individual es la civilización del individuo que emerge de la animalidad individual, al igual que la cultura es el surgimiento del movimiento global de los humanos civilizados sobre su entorno global.

Los Enfermos Poderes De La Mente Humana

La mente humana puede desencadenar enfermedades en los seres humanos, hasta el punto de provocar daños en tejidos u órganos. Aunque muchos los llaman "imaginarios", causan dolor y sufrimiento genuinos. Si la mente y el cuerpo están interconectados, ¿por qué el tabú sobre el papel de las emociones en la enfermedad?

El cerebro humano es el elemento más complicado del universo conocido y un gran misterio para nosotros. Las intrincadas comunicaciones eléctricas y químicas a través de miles de millones de conexiones sinápticas entre miles de millones de neuronas nos dan conciencia, pensamiento, imaginación, memoria, anticipación, percepción ... Todo esto y mucho más es lo que conocemos como mente humana.

Todos los días, nuestra mente define no solo quiénes somos, sino cómo enfrentamos el mundo. Como dijo el político estadounidense Franklin D. Roosevelt: "Los hombres no son prisioneros del destino, sino prisioneros de su mente". Elegimos qué hacer en la vida basándonos en emociones como la felicidad o el placer, pero también podemos sentir ansiedad al pensar el futuro, entristecido por recordar el pasado ... o incluso enfermar por un hecho que nos impacta psicológicamente.

Aunque la mayoría absoluta de las enfermedades tienen causas biológicas evidentes (por mutaciones, infecciones, traumas, alteraciones metabólicas ...), en ocasiones es la mente humana la que desencadena los trastornos. Así, dos "catchall" muy particulares de la medicina abarcan el origen psicológico: las condiciones somatomorfas y las enfermedades psicosomáticas.

Ambas entidades reflejan nuestra ignorancia sobre cómo la mente humana puede enfermarnos sin que, en realidad, haya una causa biológica detrás de ella. Sin embargo, existe una variación crítica entre ellos: mientras que en los trastornos somatomorfos, las personas afectadas no tienen ningún daño físico aparente (por ejemplo, no hay lesiones en tejidos u órganos), en la enfermedad psicosomática, sí se producen daños.

De la misma forma que nuestro cuerpo influye en nuestras emociones cuando no hemos comido durante mucho tiempo, golpeamos algo, o estamos en una situación peligrosa, las emociones también pueden afectar nuestro cuerpo. Cuanto más impactantes y robustas sean esas emociones, es más probable que dejen su huella en el cuerpo humano.

Aunque las enfermedades de origen psicológico a menudo se consideran erróneamente "imaginarias", la verdad es que provocan un sufrimiento genuino. Además, en el caso de enfermedades psicosomáticas, pueden producir daños objetivos. ¿Con qué frecuencia aparecen en la población? Lo cierto es que no nos damos cuenta a ciencia cierta por dos motivos principales: por un lado, el diagnóstico de estas enfermedades y trastornos se llega descartando tras comprobar que no existen causas biológicas detrás, y esto suele ser muy complicado. Por otro lado, estas enfermedades son tabú y, por tanto, difíciles de reconocer. Los pacientes suelen omitir información sobre las causas psicológicas que llevan a la enfermedad, ya sea porque no creen que tengan un papel en el asunto o porque no hay suficiente confianza con el médico para explicar sus problemas psicológicos.

Muchos pacientes no aceptan que sus problemas de salud tengan un origen psicológico porque recibir el diagnóstico de ese médico es un estigma. Piensan que no los toman en serio, que su médico cree que se lo están inventando o que están "locos".

A pesar de este tabú, lo cierto es que estas enfermedades son frecuentes. Tanto es así que se estima que entre un 25-75% de las visitas al médico de familia se deben a síntomas físicos provocados por problemas psicosociales (estar en paro, muerte de un ser querido, amenaza de desalojo ...). La lista de síntomas que se pueden sufrir es omnipresente y variada: Náuseas, diarreas, estreñimiento, dificultad para respirar, fatiga, gases en el estómago, debilidad,

217

vómitos ... Sin embargo, entre todos los síntomas, el dolor es el rey. Este síntoma puede aparecer de infinidad de formas: dolores de cabeza, dolores abdominales, dolores de espalda, durante la menstruación, en las articulaciones, calambres intestinales ... Estos dolores provocados por la mente humana pueden ser tan reales como si hubiera una causa biológica detrás , causando niveles similares de sufrimiento. A pesar de ello, apenas sabemos nada sobre los mecanismos por los que se activan. A veces hay una enfermedad de causa orgánica al principio, pero la mente humana empeora su pronóstico y gravedad. Esto ocurre en casos como psoriasis, acné, hipertensión o colitis ulcerosa, entre muchos otros. Se sabe que el estrés exacerba los signos y síntomas, lo que dificulta su tratamiento.

Estas enfermedades de origen psicológico nos recuerdan que la mente y el cuerpo están interconectados. Aunque la medicina se ha centrado principalmente en el cuerpo durante casi toda su historia, estamos aprendiendo cada vez más sobre las consecuencias de las emociones en la enfermedad. Seguir ignorando el papel de la mente en estos procesos es perder parte de la realidad y complejidad del ser humano. Así, a pesar de los muchos avances de la medicina, si no se consideran las causas psicológicas y sociales de las enfermedades (además de las biológicas), la atención médica nunca será completa y solo se enfocará en la parte más superficial del ser humano.

CAPÍTULO 13

EL CUERPO

Que es el cuerpo:

El cuerpo se conoce como el conjunto de todas las partes materiales que componen el cuerpo de los seres humanos y los animales. Sin embargo, se supone que la expresión cuerpo es sinónimo de cadáver, el cuerpo sin vida. La palabra 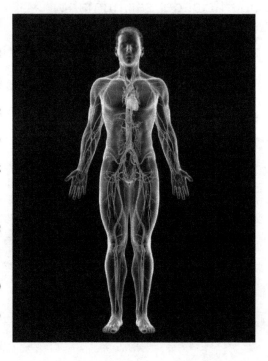 cuerpo es de origen latino corpus, refiriéndose a la figura del cuerpo humano formada por la cabeza, el tronco y los miembros cuyo estudio de su estructura y morfología se denomina anatomía.

La expresión cuerpo tiene varios significados; todo depende del contexto en el que se utilice, por ejemplo:

El cuerpo es todo aquello que tiene una extensión limitada y deja huella en los sentidos del ser humano por cualidades que le son propias, por ejemplo: "la prueba que tiene un cuerpo extraño en los pulmones.

- En geometría, el cuerpo es el objeto en el que se aprecian sus tres lados: longitud, latitud y profundidad.

- En física, el cuerpo también se conoce como objeto físico; se caracteriza por tener masa, peso y volumen, por lo que un cuerpo o ítem es un conjunto de grupos que forman una sola unidad.

- En astronomía, el cuerpo celeste es el planeta, la estrella u otro objeto en el espacio. Asimismo, como cuerpo, se considera la parte vital de un libro u obra sin considerar el índice, preliminares, conclusión, etc.

- Asimismo, como cuerpo, nos referimos al conjunto de personas que realizan la misma función, como cuerpo de bomberos, cuerpo de soldados y fuerza policial. En este punto, al conjunto de bailarines que componen una obra, obra, etc., se puede sumar lo que se conoce como cuerpo de ballet.

- A nivel antropológico, el cuerpo es visto como aquel que permite el desempeño de todas las actividades que realiza el hombre, ya sean corporales, relaciones intrapersonales, comunicación, socialización, entre otras.

- En el ámbito del derecho, el corpus delicti es la cosa u objeto a través del cual se ha cometido un delito o en el que existen indicios de la realización de un delito, por ejemplo, el arma. Hay una frase coloquial con el término suplente, "el cuerpo me pregunta", se usa para expresar la necesidad de que una persona haga algo. Por ejemplo, el cuerpo me pide que baile; el cuerpo me pide vacaciones.

El cultivo del cuerpo y el equilibrio del cuerpo y la mente ha sido un tema muy discutido desde los tiempos modernos, lo que se refleja en el uso de la frase "Una mente sana en un cuerpo sano".

Cuerpo en filosofía

En filosofía, el cuerpo se ha estudiado junto con el alma. Según Platón, el cuerpo era la prisión del alma con la que el hombre se identifica; para la filosofía platónica, el alma es más real que el cuerpo.

Por el contrario, con Aristóteles, el cuerpo se apreciaba como una realidad del hombre, sin la cual no se podía entender como hombre. Como tal, el cuerpo fue elevado a la más alta consideración del ser humano.

SIGNIFICADO DEL CUERPO HUMANO

¿Qué es el cuerpo humano?

El cuerpo humano es el conjunto de estructuras y órganos físicos que componen el ser humano. El término cuerpo humano se origina en el latín corpus, que significa "cuerpo" y humanos, humanum, que se refiere a "humano". La estructura física comprende tres partes principales: la cabeza, el tronco y las extremidades superiores e inferiores. El diseño relacionado con los órganos está compuesto por diferentes sistemas: circulatorio, respiratorio, digestivo, endocrino, reproductivo, excretor, nervioso, locomotor.

El cuerpo humano también está compuesto por elementos químicos como el oxígeno y el hidrógeno, vitales para su funcionamiento. A través de diferentes ramas de las ciencias de la salud como la anatomía, la biología, la fisiología y la antropometría se ha dado a conocer qué es el cuerpo humano, cómo está compuesto y cómo funciona. Como individuos, es fundamental entender cómo se forma nuestro cuerpo y cómo funciona, entender por qué nuestro cuerpo cambia continuamente a medida que envejecemos y por qué debemos cuidarlo mediante una dieta equilibrada y actividad física.

Todos los cuerpos humanos son diferentes, aunque su estructura es la misma; por eso los seres humanos son seres individuales; hombres y mujeres tienen cuerpos únicos e irrepetibles con otras funciones naturales.

Niveles de organización del cuerpo humano

Varios niveles de una organización están registrados en el cuerpo humano, como en otros seres vivos. Estos niveles comienzan con la estructura mínima de formación, que son las células. Las células, al multiplicarse, generan tejidos. Estos, a su vez, generan cada uno de los órganos del cuerpo, incluidos los huesos, los músculos y la piel.

Los órganos se agrupan según sus funciones y constituyen sistemas. La interrelación de estos sistemas da forma definitiva al organismo, es decir, al cuerpo humano.

Órganos del cuerpo

Los órganos del cuerpo humano están diseñados para cumplir diferentes funciones independientes o interrelacionadas, las cuales son vitales para que las personas vivan, de ahí que cuiden el cuerpo para tener un cuerpo sano y una vida sana.

1. **Sistema circulatorio:** es responsable de interconectar todos los sistemas y mover sangre, nutrientes, oxígeno y hormonas por todo el cuerpo. Está formado por el corazón, las venas, las arterias y los vasos sanguíneos.

2. **Sistema respiratorio:** le permite inhalar oxígeno y expulsar dióxido de carbono a través de la respiración. En este proceso, el oxígeno se transporta a través de la sangre y se distribuye por las células del cuerpo.

3. **Sistema digestivo:** la digestión de los alimentos ocurre donde los nutrientes del cuerpo se descomponen y absorben.

4. **Sistema endocrino:** está formado por ocho glándulas principales que secretan hormonas a la sangre y que regulan el metabolismo, las funciones sexuales y el crecimiento.

5. **Sistema reproductor:** permite la reproducción humana y es diferente en hombres y mujeres. El sistema reproductivo de los hombres está formado

por los testículos y el pene. En las mujeres, está formado por los ovarios, el útero y la vagina.

6. **El sistema excretor:** es el sistema que gestiona el organismo para expulsar los desechos tras el proceso de digestión en el que se extraen los nutrientes de los alimentos.

7. **Sistema nervioso:** está formado por el plato principal formado por el cerebro y la médula espinal, y el sistema periférico está formado por los nervios que unen partes del cuerpo con el sistema nervioso central.

8. **Aparato locomotor:** se refiere a los huesos y músculos, que forman la estructura del cuerpo humano, cubiertos por la piel, el órgano externo más grande del cuerpo humano, y permiten el movimiento y el movimiento de las personas.

CAPÍTULO 14

MANEJARNOS A NOSOTROS MISMOS (AUTOGESTIÓN)

"Si la cabina está despresurizada, las máscaras de oxígeno ubicadas sobre sus asientos se caerán automáticamente. Póngase la máscara antes de ayudar a otros pasajeros. "

Si ha estado en un avión antes, habrá escuchado estas palabras durante el despegue. Esta no es una invitación de la tripulación a comportarse de manera egoísta. Incluso es lo contrario. Solo ayudarás a los demás si puedes respirar y no te quedas sin oxígeno. La metáfora tiene razón en nuestra vida personal y profesional. Todos los libros de gestión tratan sobre la gestión de otras personas, incluidos los que escribí. Pero no podrás lidiar con los demás si no te enfrentas a ti mismo primero. " - Peter Drucker

Ya sea en un mundo de diferencias o en un entorno en constante cambio, conocerse y gestionarse mutuamente son elementos esenciales para el éxito. También implica saber cómo desarrollarse, hacer el mejor uso de las propias habilidades o, posiblemente, avanzar hacia nuevos horizontes. En otras palabras, se trata de cómo avanzar y mantenerse comprometido y motivado en un mundo VUCA. Aprender a manejarse a sí mismo requiere un compromiso continuo de hacerse las siguientes cinco preguntas con regularidad:

1. ¿Cuáles son mis puntos fuertes?

No pierda el tiempo trabajando en áreas de las que no sabe mucho. En cambio, concéntrese en las áreas en las que se desempeña bien y desarrolle sus fortalezas. Identifique sus áreas de mejora mediante la evaluación crítica de sus objetivos y resultados (análisis de retroalimentación), luego elimine sus comportamientos improductivos.

"Un individuo es eficiente solo si actúa dentro del marco de sus fortalezas. Es imposible tener éxito en las debilidades, y menos en algo que no sabes cómo hacer. "- Peter F. Drucker

2. ¿Cómo trabajo?

Conocer tus puntos fuertes no es suficiente; también necesita determinar bajo qué condiciones trabaja mejor. Esto incluye saber cómo aprendes, recibes información, te perciben los demás, llevas a cabo tus misiones, resuelves problemas, etc. No trates de cambiar; tendrá pocas posibilidades de lograrlo. Por el contrario, trabaje duro para mejorar la forma en que

228

tiene éxito. Además, trate de no realizar tareas en las que no esté seguro.

3. ¿Cuáles son mis valores?

Los valores son lo más importante para ti. Y lo principal es vivir y trabajar con respeto. ¿Cómo se llega si no conoce sus valores? Al principio de su carrera, Drucker tuvo la oportunidad de aceptar un trabajo que le habría traído mucho dinero, pero rechazó la oferta después de reflexionar sobre sus valores, porque "son y deberían ser la prueba definitiva".

4. ¿Dónde está mi lugar?

Identificar su sentido de pertenencia es una necesidad humana básica que se basa en las tres respuestas anteriores. Piense en sus valores, sus fortalezas y su estilo de trabajo favorito. En base a estas cualidades, ¿qué tipo de entorno le conviene más? En otras palabras, ¿a qué no perteneces? Encuentre el equilibrio perfecto y transfórmese de un miembro aceptable del equipo a un miembro exitoso del equipo.

5. ¿Cuál debería ser mi contribución?

Históricamente, pocas personas han tenido que tomar decisiones. Esto ha cambiado en las sociedades del conocimiento, donde cuestiones como qué hacer, por dónde empezar, cómo empezar, qué objetivos y plazos, etc. se han convertido en imprescindibles en nuestro trabajo diario. En esta situación, tenemos la libertad y la responsabilidad de preguntarnos cómo podemos, a partir de las cuatro preguntas anteriores, contribuir mejor al éxito de la organización con un objetivo claro: marcar la diferencia.

ADMINISTRAR SU TIEMPO PARA EQUILIBRAR SU VIDA

Después de "no he tenido tiempo", creo que la siguiente frase más utilizada para resaltar un hecho que no hemos logrado por falta de tiempo es: "Ahora sí", basta para referirse a cualquier fin de año en el que al tomar las decisiones para el año que comienza, la primera frase que se escucha de uno mismo o de un familiar presente en la reunión es: "Ahora voy a dejar de fumar", "Ahora, después de las vacaciones, yo ' voy a empezar la dieta "," ahora voy a hacer ejercicio "; en definitiva, la lista puede ser tan larga como la memoria nos lo permita.

No cumplir con estos propósitos no se aleja tanto como podría pensarse de la gestión del tiempo. Después de todo, Lakein dice que el tiempo es vida, lo que nos llevaría a concluir que la gestión del tiempo es la gestión de la vida; por tanto, si lo propuesto no se cumple, desde mi perspectiva, fue porque no se consideró imprescindible y porque no supo manejar la vida.

Piénselo de otra manera; un día tiene 24 horas; lo que no hagas ese día es irrecuperable; ¿esto significa que una hora que no se usa en algo que impacta o importa en nuestra vida es tiempo perdido, quizás vida perdida? ¡Exactamente! Ese es el punto. La falta de tiempo no existe; todos tenemos lo mismo las 24 horas del día; lo que pasa es que no tienes equilibrio personal, y cuando estás desequilibrado, todo lo que te rodea se desequilibra.

Por eso a continuación, hay consejos para equilibrar tu vida, que impactarán en disfrutarla y darte cuenta de que lo que falta no está determinado, sino equilibrio.

1. Localice la escalera.

Stephen Covey dice que "si la escalera no está apoyada en la pared correcta, lo único que hará es llevarnos al lugar equivocado antes". Y así es, ¿de qué sirven muchas cosas si no nos están dando ningún resultado? Por tanto, lo primero que hay que hacer es fijar metas. Estos deben ser reales, medibles y alcanzables. El camino más corto, el más fácil, es preguntarse: "¿Qué quiero en la vida?" La respuesta a esta pregunta sentará las bases de la dirección y el lugar donde quieres apoyar la escalera, y de esta manera, las actividades que se realicen día a día deben estar enfocadas a lograr lo que quieres de la vida.

2. Escritura pendiente.

La escalera nos ayuda a definir qué; escribir los pendientes nos ayuda a hacerlo. Hacer una lista implica no manejar muchos papeles, saber dónde anotarlo, y tener en un solo lugar las actividades que queremos hacer, incluso las que no son tan importantes, pero tenerlas escritas ayuda a ocupar la mente en lo esencial. cosas y no en las pistas. Cuando vemos los pendientes enumerados, nos damos cuenta de que no eran tantos, lo que descansa la mente.

3. Descanse la mente.

La mente, como el cuerpo, necesita descansar. Si estás acostumbrado a trabajar un sinfín de horas, pregúntate: "Si me quedo, ¿lo termino y me quitan un pendiente?" Si la respuesta es sí, como resultado, vale la pena quedarse, terminar y quitarse un pendiente, ¡Ah! Pero si la respuesta es negativa, esperar no vale la pena. ¿Por qué? Porque si no vas a terminar, no vas a comer bien, te vas a ir tarde, te vas a cansar, tienes que llegar temprano para terminar, y si eso no fuera suficiente vas a dormir mal por la preocupación de no haber gastado en lo que estaba trabajando, i¿por qué quedarse ?! Es mejor descansar la mente, disfrutar de los seres queridos, cenar tranquilo, dormir para descansar y llegar temprano descansado y despejado.

4. Una cosa a la vez.

No se trata de hacer una sola actividad, sino de tener la mente en un solo lugar. El hecho de estar en casa pensando en la oficina o viceversa, o de estar en una reunión esperando o atendiendo una llamada, lo único que hace es desequilibrarnos porque no estamos ni en un lugar ni en otro. Por tanto perdemos la vida con nuestros seres queridos o con nosotros mismos. En resumen, puede realizar tantas actividades como tenga intereses o habilidades; el secreto es no mezclar desniveles ni acciones, es decir, un lugar para todo y todo en su lugar.

5. Limpiar para descansar.

Este punto se refiere al hecho de que tienes que mantener el escritorio o el lugar de trabajo despejado de papeles y solo tener lo que estás ocupando porque un lugar saturado cansa la mente y genera estrés. ¿Qué hacer para lograr una posición precisa? Tienes que hacer uso de lo que he llamado DATT, que se refiere a no mover un papel si no pretendes hacer algo con él. Cada vez que recibimos un documento (o correo electrónico, se aplica lo mismo), lo que se puede hacer se reduce a Delegar, Archivar, Procesar o Tirar. Pero haga lo que haga, maneje los papeles una sola vez para mantener su lugar de trabajo y su mente despejados.

6. Empiece por el principio.

Suena tan obvio, por eso precisamente no se hace. ¿Cómo sabe cuál es el inicio? La respuesta es sencilla: tener claro a dónde quiere ir al subir la escalera. Conocerlo determinará actividades que serán importantes porque te llevarán a donde quieras. Todo lo que nos aleja solo hará nuestras vidas, por urgente que sea. Aprenda a concentrarse en la meta.

7. Aprenda a decir No.

Cuando tenemos claro hacia dónde se dirige, es fácil decir ¡No! Todo lo que tienes que hacer es preguntarte, ¿y si no hago esto? Si la respuesta es nada, ¡no lo hagas! Y puedes disfrutar tu vida. Decir NO es mucho más crítico si el pendiente pertenece a otra persona y no al tuyo.

8. Utilice la lista.

El secreto no está en programar actividades sino en cumplir con las planificadas. Un plan no es solo para el trabajo porque ya hemos visto que lo que se gestiona es la vida; mantener un proyecto se convierte en un horario personal. Entonces se vuelve muy importante programar un café con un amigo, dedicar tiempo para los deportes, para un pasatiempo, para actividades familiares o simplemente para usted. Lo más importante de la lista es aprender a decir NO a las acciones que interrumpen este horario.

9. No pospongas las cosas.

Decir "lo haré después de un rato" es tan severo como no saber decir que no. Imagina un recipiente grande llamado "Al Rato", y luego imagina que todo lo que decides no hacer en este momento va a ese recipiente. No dudo que finalmente tenerlo frente a ti y ver la cantidad de cosas que quedaron ahí hará que en vez de vivir fuera de dicho contenedor, en equilibrio; vivo inmerso en "Todo lo que hay que hacer" y que generalmente resulta ser "para ayer".

10. Maneje usted mismo.

Finalmente, administrar el "tiempo" no es lo mismo que administrarse a uno mismo implica que el hecho de que las cosas se hagan depende únicamente de uno y de nadie más. Y desde esta perspectiva, si se decidió no hacerlas, es porque uno está determinando que no valen la pena en la vida, y desde mi perspectiva, uno no "se toma el tiempo para hacerlas".

Algunas cosas se deben hacer "hoy", pero muchas veces esas situaciones no trascienden la "vida", y en lo que debemos enfocarnos es en lo esencial "en la vida". Por eso, mi último consejo es que si te enfrentas a una situación y no sabes si debes decir que no, pregúntate, ¿esta situación es para hoy o para la vida? No hace falta decir que si la respuesta es "Por hoy", es posible que simplemente se esté alejando de sus objetivos reales, no invierta tiempo ni emociones. Por otro lado, si su respuesta es "de por vida", no lo posponga, no lo deje pasar. Quizás el mayor secreto para administrar su tiempo es preguntarse: "¿Hoy o en la vida?"

CAPÍTULO 15

ESPÍRITU DE SACRIFICIO

Hablamos de espíritu de sacrificio cuando alguien está dispuesto a dedicarse a un ser o una causa. Del latín spiritus, que puede significar sentimiento, se usa aquí en el sentido de fondo de emociones, que dirige la acción de una persona o un grupo. El sacrificio es la disposición que alienta la aceptación sin reservas y ejemplifica las penas y privaciones que implica el cumplimiento del deber y, si es necesario, la entrega de la vida, por amor a la patria y en servicio a los demás.

El espíritu de sacrificio antepone el cumplimiento del deber a la comodidad, los intereses y las aspiraciones personales. Educa al militar en austeridad, lo hace más resistente a las dificultades y esfuerzos prolongados y lo ayuda a superar la adversidad.

La austeridad, la abnegación y la dedicación son una parte inherente del espíritu de sacrificio. Se alimenta del amor a la patria, la vocación y el compromiso, lo que lleva a los militares a reclamar los puestos de mayor riesgo y fatiga.

Además, el valor del sacrificio es ese esfuerzo extraordinario por lograr un beneficio más significativo, superando los propios gustos, intereses y comodidades. Debemos tener en cuenta que el don, aunque el término suene drástico, es un valor significativo para superarnos en nuestra vida por la fuerza que impone a nuestro carácter. Compromiso, perseverancia, optimismo, superación y servicio son algunos de los valores perfeccionados al mismo tiempo. Por tanto, el sacrificio no es un valor que sugiera sufrimiento y castigo, sino una fuente de crecimiento personal.

¿Por qué es tan difícil tener espíritu de sacrificio? Porque estamos acostumbrados a dosificar nuestro esfuerzo ya pensar que "todo" que hacemos es más que suficiente. En otras palabras: debemos luchar contra el egoísmo, la pereza y la comodidad.

Todos somos capaces de hacer un esfuerzo más significativo en función de nuestros intereses: dietas rigurosas para tener mejor figura, horas extras de trabajo e incluso fines de semana para consolidar nuestra posición profesional; tómese horas libres para estudiar; ahorra en lugar de irte de vacaciones. El problema central es que no debemos movernos solo por intereses fugaces; siempre debemos cambiar nuestra actitud. El valor del sacrificio pasa por dar ese "extra" también en casa, en ese momento, y con aquellas personas que deseen disfrutar de la compañía generalmente ausentes de alguno de los integrantes.

En muchas ocasiones, caemos en actitudes que restan valor a todo el bien que hacemos: frecuentemente expresamos nuestro cansancio o culpamos de lo mucho que hacemos y lo poco que nos comprenden los demás. Esta forma de ser muestra un carácter menor y una fuerza interior, si no, para evitar algunas responsabilidades.

Hay muchas cosas que no nos gustan y no podemos esperar que todo sea de nuestro gusto. El valor real del sacrificio consiste en soportarlos, intentando poner buena cara, sin quejas ni inquietudes.

Con todos los ejemplos mencionados, podemos darnos cuenta de que la mayoría de nuestros sacrificios están orientados a servir a los demás; quizás, ni siquiera pudimos darnos cuenta de la importancia de estos pequeños detalles para formar una personalidad fuerte y robusta. El espíritu de sacrificio no se logra con buenas intenciones; se desarrolla haciendo pequeños esfuerzos.

Todo lo que vale la pena requiere sacrificio porque querer encontrar caminos fáciles para todo solo existe en la mente de las personas con pocas aspiraciones. Quien vive el valor del don sigue un camino de mejora constante, haciendo el bien donde quiera que esté.

¡Por supuesto, el sacrificio es valioso! Es ese esfuerzo extraordinario por lograr un beneficio más significativo, superando tus gustos, intereses, sueños y comodidades. Y es fundamental vivirlo para superarnos en nuestra vida por la fuerza que imprime en nuestro carácter y fortaleciendo el compromiso, la perseverancia, el optimismo, la superación personal y el servicio, entre otros valores.

Una virtud que debemos fomentar en nuestros hijos y en nosotros mismos para vivir el valor del sacrificio es la discreción. Nuestros hijos deben entender que es fundamental que hagamos las cosas sin esperar ningún reconocimiento. Y para lograrlo, no deben hacer muecas ni alusiones a lo que están haciendo cuando hay personas ajenas a la familia. El que vive el valor del sacrificio va por un camino de superación constante, haciendo el bien donde quiera que esté porque ha aprendido a conquistarse a sí mismo.

La cruz no es un fin en sí mismo, sino un medio para un fin, nuestra transformación en Cristo.

Toda jerarquía de valores exige una elección, y esto implica sacrificar algo. Jesucristo lo describe como llevar la cruz. Comenzamos a rechazar la cruz cuando perdemos de vista que es solo un medio para un fin. El que siembra la semilla con el sudor de su frente sueña con la cosecha rica y amarilla. Por eso debemos cargar la cruz, pensando en el fruto que nos traerá: nuestra transformación en Jesucristo.

La cruz es el precio que se paga para conquistar el Reino de Dios (o el Reino de los Cielos). Si uno ve la cruz de esta manera, tiene sentido y es aún más llevadero. El problema comienza cuando no conocemos el significado de la cruz y solo la toleramos o la rechazamos. Pero la cruz siempre estará ahí, ya que nos sigue como nuestra sombra. Lo razonable es intentar darle sentido.

Lleva la cruz con un sentido sobrenatural.

Mientras que muchos credos, ideologías, proyectos políticos, sociológicos o psicológicos, e incluso la propia ciencia médica prometen en vano al hombre la supresión del dolor, la revelación cristiana muestra que el problema, a pesar de su consistencia paradójica, es también una forma de humanización de la elevación de la persona. No te engaña con falsas promesas. Y en cambio, te da la fortaleza y la fortaleza que necesitas para soportar con alegría, no resignación, el cansancio del camino.

Las personas más admiradas en la sociedad actual son aquellas que saben cómo esforzarse. ¡Cuánto sacrificio se necesita para ganar la medalla de oro en los Juegos Olímpicos! ¡Qué sacrificio se invierte para convertirse en un médico, ingeniero o arquitecto de calidad! ¡Qué admirables son las madres de familia que se sacrifican para que sus hijos tengan un hogar sano, educado y lleno de oportunidades! El sacrificio, en cualquier ámbito de la vida, es un valor humano.

El único sacrificio perfecto es el ofrecido por Cristo en la cruz como ofrenda total al amor del Padre y por nuestra salvación (cf. Hb 9,13-14). Uniéndonos a la de Cristo, podemos hacer de nuestra vida un sacrificio por Dios (Catecismo de la Iglesia Católica, 2100).

Para el cristiano, el sacrificio se abre a otra dimensión más profunda. Es un acto de la virtud de la religión: "Adorarás al Señor, tu Dios, y lo adorarás". Es la forma más básica de adoración externa y pública, la forma más solemne y excelente en que se puede honrar a Dios.

Los cristianos reconocen que Jesucristo eligió para sí el camino del sacrificio por amor y como camino de salvación para los hombres. El regalo es dar o donar algo, por amor, en honor a Dios. Aceptando el sufrimiento con alegría, el cristiano sigue el camino de Jesús. El sacrificio cristiano es una imitación del amor porque el que ama quiere ser como un amado. El amor es la condición para seguir a Cristo; El don es lo que verifica la autenticidad del amor. ¡Y vale la pena amar a Aquel que nos amó tanto!

Dios no necesita nuestra adoración, ni interior ni exterior; nuestro homenaje no añade nada a su gloria. No es por eso que, estrictamente hablando, debamos rendirle homenaje y ofrecer sacrificios en su honor. Se lo merece infinitamente y porque es de un valor inestimable para nosotros.

La persona con espíritu de sacrificio sabrá elegir lo que es correcto y mejor, no lo más cómodo y fácil, lo que genera menos esfuerzo. La vida cristiana exige colocar a Jesús en el centro de nuestros deseos. Esto no puede ser sin sacrificio. Aprender a decir "no" a nuestros lazos, opiniones, gustos, caprichos, para poder decir "sí" a Jesús en lo que nos pide a lo largo de la vida y lograr el señorío de quienes somos, personas, creadas a imagen y semejanza de Dios.

CAPÍTULO 16

CÓMO SUPERAR EL DOLOR Y EL MIEDO

DOLOR

Todos pasamos por momentos horribles en la vida, situaciones desafiantes. Entonces es fácil hundirse en la desesperación o alejarlos como si no hubieran sucedido. Sin embargo, la psicología actual recomienda afrontar este dolor y atravesarlo para superarlo. La pregunta es: ¿cómo se hace eso?

Cuando llega el sufrimiento, cualquiera que sea su forma, el cuerpo y la mente piden escapar, desaparecer.

Quizás nos llenamos de ira, odio hacia los demás y agregamos más dolor a la situación. Incluso es posible que reaccionemos como si nada hubiera pasado: ignoro el caso; simplemente no existe para mí.

Pero ninguna de estas actitudes nos lleva a superar dificultades, a pasar página. Los pones debajo de la alfombra y saldrán de alguna manera cuando menos te lo esperes. Enfrentar una situación difícil, vivirla como es, implica sentir dolor, tan fácil y tan complicado al mismo tiempo. Pero si lo hacemos y no nos instalamos en ese dolor, lo pasamos, lo superamos y salimos más fuertes. Para hacer esto, implementamos un conjunto de habilidades que los investigadores llaman resiliencia.

¿Podemos aprender formas saludables de afrontar el dolor o la adversidad? Tienes razón. Te resumimos en 4 categorías diferentes de prácticas que, según la ciencia, nos ayudan a afrontar con más habilidad el dolor emocional. Ejercicios que le ayudarán a afrontar las dificultades cuando surjan, pero que también le prepararán para los retos futuros.

1. Cambiar la película

Cuando sucede algo terrible, muchas veces nuestra mente tiende a repetir la película de los hechos una y otra vez, ahondando en el dolor. Este proceso se llama rumia y es un camino directo hacia la ansiedad y la depresión.

- Escribe durante 20 minutos
- No te preocupes por los aspectos formales. El texto es solo para ti.
- Elige un tema que te afecte y explora los pensamientos y sentimientos que surgen en torno a él. Sinceramente
- Hable sobre un problema que sabe que puede resolver ahora.

Un estudio de 1988 mostró que los participantes que ejercieron la escritura expresiva durante cuatro días se sintieron más saludables seis semanas después y más felices durante los siguientes tres meses que las personas que escribieron sobre temas superficiales.

Cuando escribimos, los investigadores sugieren que nos vemos obligados a confrontar las ideas una a una y a estructurarlas. Este ejercicio mental puede llevarnos a tener nuevas perspectivas sobre un problema en lugar de pensar siempre en lo mismo. Escribir sobre tu dolor y tus emociones te ayuda a sanarlos y transformarlos en sabiduría. Cambiamos la película.

Una vez que hayamos explorado el lado oscuro de una experiencia, podríamos optar por contemplar algunas de sus ventajas. Esta técnica llamada "encontrar líneas plateadas", consiste en recordar una experiencia perturbadora y enumerar tres cosas positivas.

En otra investigación de 2014, los participantes realizaron esta práctica diariamente durante tres semanas. El resultado es que les ayudó a involucrarse más en la vida y disminuyó sus creencias opuestas. El ejercicio fue especialmente beneficioso para los más pesimistas y no funcionó para las personas que escribían sobre temas que no les importaban. Ahora, los efectos de este experimento desaparecieron después de dos meses. Esto sugiere que hacer un esfuerzo por ver el lado positivo es algo que tenemos que practicar con regularidad. Escribir sobre tu dolor y tus emociones te ayuda a sanarlos y transformarlos en sabiduría.

2. Enfréntate a tus miedos

Las prácticas anteriores son útiles para luchas pasadas cuando ha ganado suficiente distancia para ganar algo de perspectiva. Pero, ¿qué pasa con los temblores en las piernas que experimentamos aquí y ahora? La práctica de "superar el miedo" está diseñada para ayudar con los miedos cotidianos que se interponen en el camino de la vida, como el miedo a hablar en público, las alturas o volar. No podemos dedicarnos a hablar de esos miedos y analizarlos. Están en nuestro día a día y tenemos que afrontar la emoción directamente.

El primer paso es exponerse lenta y frecuentemente a lo que le asusta en pequeñas dosis. Por ejemplo, las personas que tienen miedo a hablar en público pueden intentar hablar más cuando están en grupo, con amigos o con la familia. Con el tiempo, puede aumentar el desafío hasta que esté listo para hacer una presentación televisiva o una entrevista.

Comienza a dar pequeños pasos hacia tus miedos y, poco a poco, tu confianza se asentará. En esto consisten las "terapias de exposición", las cuales tienen diferentes modalidades que los expertos deben evaluar para ver cuál es la más indicada según el caso. Con ellos, cambiamos las asociaciones que hacemos con un estímulo particular. Si hemos volado 100 veces y el avión nunca se ha estrellado, por ejemplo, nuestro cerebro (y cuerpo) comienzan a aprender que es seguro. Aunque el miedo nunca desaparecerá por completo, es probable que tengamos más coraje para enfrentarlo.

Numerosos estudios lo documentan. Kaplan & Tolin realizaron un metanálisis en 2011 en el que encontraron resultados positivos de la terapia de exposición que persistieron incluso cuatro años después de recibir el tratamiento. El 90% de los participantes afirmó que su ansiedad se redujo y el 65% indicó que ya no tenía la fobia.

"Empiece a dar pequeños pasos hacia sus miedos, y poco a poco, su confianza se asentará".

3. Practica la autocompasión

Enfrentar nuestro sufrimiento sin juzgar y con una actitud de calidez y bondad es fundamental para la resiliencia. Practicar la autocompasión no es sentir lástima por ti mismo, sino ser amable contigo mismo. Muy diferente, ¿verdad? Los estudios demuestran que la formación para desarrollar esta actitud brinda más atención y satisfacción con la vida, con menos depresión, ansiedad, estrés posterior y beneficios que duran hasta un año.

Para empezar, siempre que empieces a sentir dolor o el estrés te abrume, puedes hacer la 'pausa de la autocompasión' de la que te contamos en este artículo. Cuando comiences a desarrollar un comportamiento más amable contigo mismo, puedes cristalizar esa voz suave en una carta compasiva.

Dedique 15 minutos a escribir palabras de comprensión, aprobación y compasión hacia usted mismo acerca de algo por lo que lucha o se culpa: por ejemplo, no pasar suficiente tiempo con sus hijos, no tener paciencia o simpatía, o ... lo que sea. En la carta, puedes recordar que todos tenemos este tipo de luchas y que tú no tienes toda la responsabilidad por ello. Si es posible, también podría considerar formas constructivas de mejorar en el futuro.

"Enfrentar nuestro sufrimiento sin juzgar y con una actitud de calidez y bondad es esencial para la resiliencia".

4. Medita

Como nos recuerdan los gurús de la atención plena, nuestros pensamientos más dolorosos son a menudo sobre el pasado o el futuro: nos arrepentimos y cavilamos sobre las cosas que salieron mal o nos preocupamos por las cosas que saldrán mal. Cuando nos detenemos y dirigimos nuestra atención al presente, a menudo encontramos que las cosas están... bien. Reduzca la velocidad, respire, viva el presente en cada momento y sienta la paz que esto

cultiva. Practicar el mindfulness, mindfulness nos lleva cada vez más al presente y ofrece técnicas para afrontar las emociones negativas cuando surgen. Por lo tanto, en lugar de dejarnos llevar por el miedo, la ira o la desesperación, podemos trabajar con ellos de manera más deliberada.

Uno de los programas de atención mental más comúnmente estudiados es la Reducción del estrés basada en la atención plena (REBAP o MBSR) de ocho semanas, que enseña a los participantes a lidiar con los desafíos mediante diversas prácticas de meditación. Varios estudios han encontrado que el protocolo MBSR tiene beneficios psicológicos y de salud en general para las personas en general y para quienes luchan con enfermedades mentales o crónicas.

Una meditación que podría ser particularmente efectiva para calmar nuestros pensamientos negativos es el 'escaneo corporal'. Los sentimientos fuertes tienden a manifestarse físicamente, en forma de nudos, bloqueos, tensiones musculares, y relajar el cuerpo es una forma de comenzar a desalojarlos.

CONSEJOS PARA SUPERAR TUS MIEDOS

Nelson Mandela nos decía: "No es valiente el que no tiene miedo, sino el que sabe conquistarlo". Todos, sin excepción, sienten miedo. Es una emoción con la que nacemos y que en determinadas situaciones nos ayuda a protegernos del peligro y a ser prudentes. Sin embargo, en la mayoría de los casos, los miedos son irracionales, tóxicos y limitan significativamente nuestro potencial.

Cuando no permitimos que las emociones se liberen, se acumulan en nuestro cuerpo y se manifiestan. También ocurre con el miedo, cuyos patrones se representan en forma de ansiedad o dolor. Para que puedas superarlo.

Claves para superar tus miedos desde AHORA MISMO, sean los que sean.

1. Deja de huir: Cuando le tienes miedo a algo, es natural que pongas excusas para evitar afrontarlo. Sin embargo, esta reacción causa aún más miedo ya que te persigue con más fuerza. Con esta actitud de fuga, acabas teniendo miedo al miedo, que es mucho peor.

2. Deja de negarlos: A muchas personas les resulta difícil aceptar que tienen miedo. Se engañan a sí mismos contando una historia falsa para mostrar un acto de valentía que no tienen. El primer paso para superar el miedo es aceptarlo.

3. Deja de pelear: No veas el miedo como un enemigo a derrotar porque siempre ganará. Cuanto más luches, más grande y poderoso se vuelve. Date cuenta de eso en el fondo; es una lucha contigo mismo.

4. Hazte amigo de tus miedos: Permítete sentir el miedo en tu cuerpo. Obsérvala e identifica cómo se manifiesta, en qué partes de tu cuerpo, cómo reaccionas, ¿te sudan las manos? ¿Tu corazón se acelera? ¿Te tiembla la voz? ¿Estás sonrojado? ¿Te pasa cuando sientes miedo? Cuando la tengas bien identificada, date cuenta de que es solo una sensación corporal, no morirás por ella, y empezarás a poder afrontarla. Se trata de normalizarlo como una simple emoción incómoda y fugaz.

5. Enfréntelos como una oportunidad para crecer: Cambie su perspectiva y vea los miedos como grandes maestros que lo desafían a ir más allá de sí mismo. Haz lo que te asusta. Es la única forma de deshacerse de él de forma permanente.

Consejos Para Calmar El Miedo Al Dolor

Stress increases recovery time, as well as the pain itself. Discover the secrets to reducing the anxiety that precedes a procedure.

Resumen:

✓ Preguntar acerca de

✓ Habla con profesionales

✓ Mantente optimista

La extracción de las muelas del juicio, la inserción de un DIU, una operación importante... a veces sabemos de antemano que la cita con el médico, por muy necesaria que sea, terminará con dolor. No dejes que la ansiedad te invada y prepara un plan de ataque para afrontar este momento:

1. **Preguntar acerca de:** El miedo a veces está vinculado a lo desconocido. Trate de entender exactamente qué esperar aprendiendo todo lo posible sobre el tema. Tener información detallada sobre el procedimiento le permite comprender su cuerpo y anticipar y así reducir el estrés. Según los estudios de Medical Daily, estar un poco nervioso está bien, pero demasiada ansiedad puede aumentar el dolor.

2. **Habla con Profesionales:** La labor de los profesionales sanitarios también consiste en acompañarnos durante todo el proceso, informarnos y tranquilizarnos. Haga todas las preguntas que tenga en mente, comparta sus dudas y busque ayuda para reducir sus ansiedades. Puede ayudar a los equipos a prepararse mejor para el manejo del dolor posoperatorio

proporcionando una lista de los medicamentos que funcionan mejor para usted y aquellos que prefiere evitar. Si siente dolor después del procedimiento, no tema hacérselo saber.

3. **Mantente optimista:** Este consejo puede parecer un poco ingenuo y difícil de aplicar, pero los investigadores canadienses han demostrado que una actitud positiva lo ayuda a sentirse indoloro, a manejarlo mejor y a sanar más rápido. Mantener un estado mental optimista también le permite mantenerse saludable, combatir el estrés y vivir más tiempo. Al llegar al médico bien informado con un plan de manejo del dolor y una mentalidad positiva, está poniendo las probabilidades a su favor para una recuperación rápida y una reanudación cómoda de su vida diaria.

CONCLUSIÓN

CONCLUSIVAMENTE, la Disciplina es la habilidad de actuar ordenada y perseverantemente para ser bueno. Requiere un pedido y unas pautas para poder lograr los objetivos deseados con mayor rapidez, soportando los inconvenientes que esto ocasiona. La principal necesidad para adquirir este valor es la Autoexigencia; es decir, la capacidad de pedirnos un esfuerzo "extra" para hacer las cosas de la mejor manera. Quien sabe exigirse a sí mismo se vuelve comprensivo con los demás y aprende a trabajar y a dar sentido a todo lo que hace. La disciplina es fundamental para que podamos elegir con perseverancia el mejor camino; es decir, quien dicta una conciencia bien formada que sabe reconocer sus propios deberes y se propone actuar.

Este valor es fundamental y básico para poder desarrollar muchas otras virtudes, sin disciplina es prácticamente imposible tener fuerza y templanza ante las adversidades que se presentan día a día.

Siempre debemos ser conscientes del objetivo que queremos alcanzar y proponernos para lograrlo; eso es eficacia. Ser eficaz es la capacidad de producir resultados; No solo debe ocurrir en las áreas en las que producimos, sino que también debemos generar resultados como estudiantes, padres, hijos, hermanos y ciudadanos. Todo esto se refleja cuando entregamos una tarea o un trabajo o cuando alguien espera algo más de nosotros; es decir, un resultado determinado. Lo que tenemos que dar es ese resultado y no podemos quedarnos con esfuerzo o buenas intenciones. Eso debe ser efectivo.

La disciplina es el valor de la armonía, porque todo mantiene su lugar y su proporción. Los seres humanos debemos tender a nuestra propia armonía de ser, pensar y actuar siempre en relación a un buen fin. Para lograr este valor, debemos comenzar por aprovechar nuestra necesidad de orden en nuestros hogares y para ello debemos tener un lugar para cada cosa y mantenerlo mediante la disciplina, poniendo siempre esas cosas ahí. También debemos practicar el orden al hablar, vestirnos y en nuestras pertenencias.

"Quien hace lo que quiere, no hace lo que debe"

CPSIA information can be obtained
at www.ICGtesting.com
Printed in the USA
LVHW051700231220
675006LV00012B/1072